MAX
LUCADO

QUEM TEM SEDE VENHA

Nenhum Coração é Seco Demais *para* o Seu Toque

Traduzido por Daniele Pereira

CPAD

Título do original em inglês: *Come Thirsty*
W Publishing Group, Nashville, Tennessee, EUA
Primeira edição em inglês: 2004
Tradução: Daniele Pereira

Preparação dos originais: Alexandre Coelho
Revisão: Elaine Arsenio
Adaptação de Capa: Claudio Marques e Rafael Paixão
Adaptação de projeto gráfico e Editoração: Wagner de Almeida

CDD: 248 - Vida Cristã
ISBN: 85-263-0764-9

As citações bíblicas foram extraídas da versão Almeida Revista e Corrigida, edição de 1995, da Sociedade Bíblica do Brasil, salvo indicação em contrário.

Para maiores informações sobre livros, revistas, periódicos e os últimos lançamentos da CPAD, visite nosso site: http://www.cpad.com.br.

SAC — Serviço de Atendimento ao Cliente: 0800-701-7373

Casa Publicadora das Assembléias de Deus
Caixa Postal 331
20001-970, Rio de Janeiro, RJ, Brasil

1ª edição/2006

Dedicatória

Andrea, sua mãe e eu dedicamos com orgulho este livro a você, pelo seu aniversário de 18 anos. Diga-me, para onde foram os anos? Se eu soubesse, iria recuperar e reviver cada um deles com alegria. Amamos você, querida filha. Que o seu sorriso nunca desapareça e que a sua fé se torne mais profunda.

Minha amada

Agradecimentos

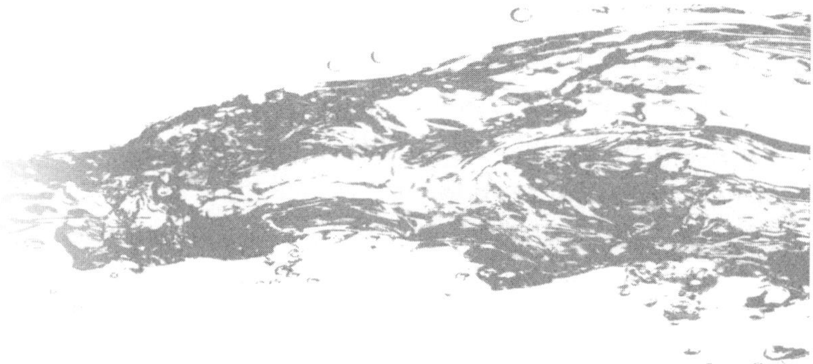

Eles estimularam, aplaudiram, elogiaram. Esses amigos acreditaram no livro. E a eles ofereço minha gratidão.

Jim Barker — o profissional de golfe que busca a Deus. Você plantou essas sementes enquanto tentava aperfeiçoar meus movimentos. Pelo menos, as sementes produzem frutos.

Liz Heaney e Karen Hill — se dentistas tivessem a habilidade que vocês têm, teríamos sorrisos mais abertos e menos dor. Grande edição!

Carol Bartley — você fez isso outra vez. Aplaudimos sua paciente compulsão pelos detalhes e sua precisão.

Agradecimentos a Hank Hanegraaff por generosamente ceder seu tempo e seus *insights*.

David Moberg e Word Publishing — vocês fazem com que eu me sinta como um atleta colegial jogando na equipe da NBA!

Liderança e família da Oak Hills Church — ainda celebrando seu grande ano!

Susan Perry — procure a palavra *servo* no dicionário e veja sua descrição. Por seu gracioso serviço, obrigado.

Jennifer McKinney — apreciamos seu trabalho quase tanto quanto o seu sorriso.

Margaret Mechinus — sua habilidade em organização compete com minha inclinação ao caos. Obrigado por garantir que pelo menos minhas prateleiras de livros fizessem sentido.

Charles Prince — verdadeiro sábio e caro amigo. Obrigado pela pesquisa.

Steve Halliday — graças a você, os leitores têm mais uma vez um grande guia de estudo.

Andrew Cooley e equipe da UpWords — uma equipe incansável!

Steve e Cheryl Green — Denalyn e eu consideramos vocês companheiros permanentes e grandes amigos.

Michael W. Smith — aqui estão muitos grandes momentos juntos, e estamos apenas começando.

Jenna, Andrea e Sara — a galáxia está perdendo três estrelas. Graças a vocês, o mundo inteiro é mais brilhante, especialmente o meu.

Minha esposa, Denalyn — quem daria um Renoir a um rústico? Um diamante valiosíssimo a uma loja de penhores? Quem confiaria um Mercedes a um menino de dez anos? Acho que Deus faria isso. Porque Ele me deu você. E ainda estou maravilhado.

E Deus — por sua infinita fonte de graça, meu muito obrigado.

Prefácio

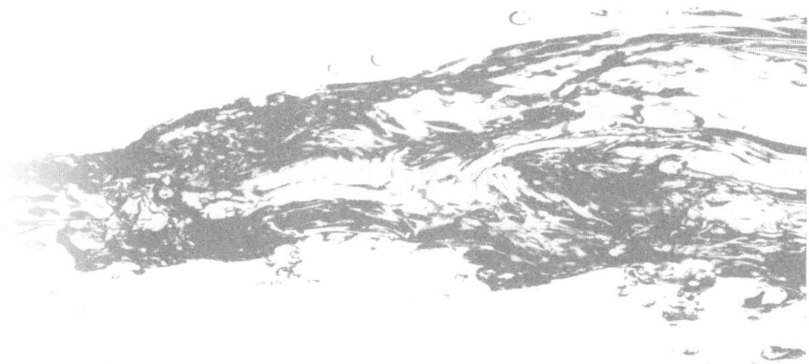

Todos nós sabemos o que é sentir sede — tanto física quanto espiritualmente. Aquele anseio para saciar sua boca seca pode ser intenso. Mas um coração seco — é insuportável. Você precisa de refrigério, e precisa agora. Se o seu coração se tornou uma pequena crosta, se seu espírito está seco, se sua alma está ressecada, você veio ao lugar certo. Nas páginas deste livro, Max nos leva à F-O-N-T-E que Deus nos provê. E, o que é mais importante, Max nos mostra como receber de Deus *tudo* que Ele deseja nos dar.

Com freqüência, temos dificuldade para receber. Porém Max nos ajuda a entender que, mais do que qualquer coisa, Deus deseja que recebamos, que venhamos sedentos e bebamos profundamente da água viva disponível para cada um de nós.

Aprendi muito com Max Lucado. Há anos seus livros têm sido uma consistente fonte de inspiração para mim. E essa amizade é algo que sempre guardarei como um tesouro. Tive o privilégio de receber aconselhamentos diretamente de Max, e também tive a maravilhosa oportunidade de vê-lo pregar — com a mesma eficácia — em um estádio para quinze mil pessoas.

Minha oração por você, leitor, é que sua alma seja fortalecida e renovada através desse maravilhoso livro.

— Michael W. Smith

Sumário

Parte 3
Confie em sua Soberania

Parte 4
Receba seu Amor

E o Espírito e a esposa dizem: Vem! E quem ouve diga: Vem! E quem tem sede venha; e quem quiser tome de graça da água da vida.

— Ap 22.17

Pois todos nós fomos batizados em um Espírito, formando um corpo, quer judeus, quer gregos, quer servos, quer livres, e todos temos bebido de um Espírito.

— 1 Co 12.13

Meagan

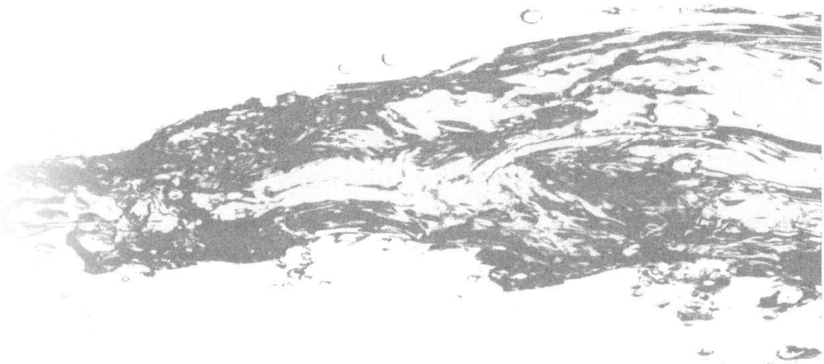

Bentley Bishop saiu do elevador em meio a um "tumulto" vindo em sua direção. A primeira voz foi a insistente voz de Eric, seu produtor.

"Sr. Bishop, estou tentando encontrá-lo há duas horas", Eric estava a ponto de explodir de nervosismo. Ele parou a certa distância, usando um terno amarrotado, gravata frouxa e os mesmos sapatos desgastados que usara no últimos ano. Embora mal tivesse chegado aos trinta anos, seu cabelo havia recuado ao meio da cabeça e parecia a caminho de abandonar a parte superior. Seu estilo não atraía as atenções. Mas seus conhecimentos de mídia sim.

Eric lia a sociedade como se fosse um sistema de radar. Modismos ultrapassados, novas tendências, quem os adolescentes seguem, o que executivos comem — Eric conhecia a cultura. Como resultado, conhecia *talk shows*. Sabia quais eram os assuntos interessantes, e quem eram os melhores convidados, e Bentley Bishop sabia que seu programa estava em boas mãos com Eric. Mesmo quando estava quase entrando em pânico.

— Nunca levo o celular quando vou à aula de golfe, Eric. Você sabe disso.

— Não recebeu meus recados?

— Sim.

Nesse momento, a maquiadora estava amarrando uma capa no pescoço de Bishop.

— Peguei sol hoje, querida? — ele perguntou, avaliando-a com um olhar da cabeça aos pés. Ela era jovem o bastante para ser sua filha, mas o olhar dele não era paternal. — Então outra vez o rosto corado deve ser culpa sua, Meagan. Ver você sempre me faz corar.

As cantadas de Bishop repeliam a todos, menos ele. A equipe de produção já o tinha visto fazer o mesmo com outras meninas. As duas recepcionistas se entreolharam. Ele costumava ficar bajulando-as. Agora ele brincava com o "docinho vestindo jeans apertado", como o ouviram descrevê-la.

Eric demitiria Meagan em um instante, mas não tinha autoridade. Meagan sairia em meio instante, mas precisava do dinheiro.

— Sr. Bishop —, Eric franziu a testa, olhando para o relógio. — Temos um problema.

Da sala de baixo veio um anúncio. "Quinze minutos para entrar no ar."

— Ops. — Bishop piscou, desamarrando a capa. — Acho que vamos ter que terminar isso mais tarde, meu bem.

Meagan passou pó no rosto dele uma última vez e forçou um sorriso.

— Dr. Allsup cancelou — Eric falou enquanto entravam no estúdio.

— O quê?

— O clima. Ele ligou de O'Hare.

— O Meio Oeste está enfrentando problemas climáticos?

— Parece que Chicago está.

Os dois pararam no meio do corredor, e pela primeira vez Bishop deu a Eric sua total atenção. Bishop encarou seu produtor com firmeza; sua cabeleira fina e branca fazia com que parecesse ainda mais alto. Todos na América, ao que parece, reconheciam aquele maxilar quadrado e aquelas sobrancelhas grossas e marcantes. Vinte anos de entrevistas noturnas o tinham elevado ao *status* de celebridade.

— Qual é o tema? — perguntou.

— Sobrevivendo ao estresse.

— Apropriado. Já entrou em contato com alguns substitutos?

— Já.

— Dr. Varner?

— Está doente.

— Dr. Chambers?

— Está fora da cidade.

— E aqueles dois rapazes que vieram mês passado, os que escreveram um livro sobre respiração?

— *Respire certo, Viva bem*. Um está resfriado. O outro não respondeu à ligação.

— Então dependemos do rabino.

— Está fora também.

— O rabino Cohen? Ele nunca sai. É nosso substituto há dez anos.

— Quinze. A irmã dele morreu, e ele está em Topeka.

— Então aonde isso nos leva? Fazer uma transmissão a distância? Não gosto dessa idéia. Agora a voz de Bishop estava começando a aumentar rapidamente, e o rosto de Eric ficou mais vermelho. O hall de entrada do nono andar do edifício Burbank Plaza estava em silêncio — cheio, mas em silêncio. Ninguém sentiu inveja de Eric.

— Sem transmissões a distância, Sr. Bishop. O sistema está com defeito.

— O quê?

— Relâmpagos por causa da tempestade de ontem à noite.

— Houve uma tempestade ontem à noite? — Bishop perguntou a todos que podiam ouvi-lo.

Eric encolheu os ombros.

— Estávamos conectados com o médico do presidente, então descobrimos os problemas técnicos. Estamos sem mecanismos de alimentação externos.

O sorriso já havia desaparecido do rosto de Bishop há muito tempo.

— Sem convidado. Sem equipamento. Por que você não me telefonou?

Eric não era tão estúpido para responder honestamente.

— E o auditório do estúdio?

— Lotado. Todos vieram ver o Dr. Allsup.

— Então o que vamos fazer? — perguntou Bishop.

"Dez Minutos!", anunciou uma voz.

— Temos um convidado — Eric explicou, virando-se lentamente em direção à porta do estúdio. — Já está sendo maquiado.

— Onde você o encontrou?

— Acho que ele nos encontrou. — Nesse momento já estavam andando mais rápido. — Ele me enviou um e-mail há uma hora.

— Como ele descobriu o seu e-mail?

— Não sei. Também não sei como descobriu nossa situação, mas ele o fez. — Eric tirou um pedaço de papel do bolso lateral de sua jaqueta. — Ele disse que lamentava por Varner, Chambers, o clima em Chicago e os relâmpagos ontem à noite. Mas não gostava do livro sobre respiração. E, sabendo de nossa situação, apresentou-se como voluntário para participar do programa.

— É loucura. — Eric abriu a porta. Bishop entrou, sem perder contato com ele através do olhar. — Você o convidou?

— Na verdade, de certa forma, ele mesmo se convidou. Mas eu procurei me informar a respeito dele. Descobri que está provocando muita agitação nos mercados menores. Ensina ética em um colégio perto de Birmingham. Alguns líderes religiosos estão preocupados, mas o povo gosta dele. Ele apresenta palestras em universidades, é popular em jantares. Fala muito sobre encontrar paz para a alma.

Nesse momento, Bishop estava indo em direção ao cenário.

— Eu poderia usar um pouco dessa paz. Espero que esse cara seja bom. Qual é o nome dele?

— Jesse. Jesse Carpenter.

— Nunca ouvi falar. Vamos lhe dar quinze minutos. Para a última metade do programa, reprise o show de destaques.

— Mas fizemos isso na semana passada.

— As pessoas se esquecem. Vá ao camarim e veja se está tudo certo com esse tal de Carpenter.

Meagan podia ver tanto o seu rosto quanto o de Jesse no espelho. Mais tarde ela o descreveria como atraente, mas não de tirar o fôlego. Ele vestia um casaco marrom com detalhes de veludo cotelê nos cotovelos, calça cáqui e uma gravata aceitável, porém inesquecível. Uma mecha de seu cabelo foi penteada para o lado, dando-lhe um aspecto de recém-cortado. Meagan amarrou a capa em volta de seu pescoço e começou uma conversa educada. O sorriso dele não precisava de bajulações.

— Primeira vez no programa?

— Sim.

— Primeira vez no Oeste?

— Pode-se dizer que sim.

Meagan passou um pouco de pó no rosto dele e então parou. Ele estava olhando para ela, sem dizer nada. — Isso é mesmo necessário? — perguntou. Ele não estava gostando daquilo.

— Tira o excesso de brilho da pele — ela explicou.

Enquanto ela o maquiava, Jesse fechou seus olhos, depois abriu e olhou para ela sem dizer nada.

Meagan queria saber mais sobre ele. Quando os homens a olhavam, ela sabia o que queriam. Provavelmente, ele também era assim. Ela parou atrás da cadeira e colocou fixador em seu cabelo. Ele fechou os olhos outra vez. Ela olhou para si mesma, curiosa quanto ao que ele pensava a seu respeito — com uma rosa tatuada no pescoço, cabelo e unhas pretos. Camiseta amarrada nas costas, deixando sua barriga a mostra. Um contraste com seu papel de baliza na banda do colégio. Seu irmão mais velho, que administrava a farmácia da família em Missouri, sempre perguntava em seus telefonemas: "Você não está se tatuando, está? E não coloque aqueles *piercings* no nariz". Ela não lhe dava ouvidos.

Na verdade, ela não se importava com o que ele pensava. Além disso, ela já estava com vinte e um anos de idade. Uma garota não pode ter sua própria vida?

— Arquitetura?

A pergunta de uma só palavra pegou Meagan de surpresa. — O quê?

Jesse havia aberto os olhos, e com eles apontou para a mochila aberta na penteadeira. Um exemplar de uma revista sobre arquitetura estava para fora.

— Digamos que seja um interesse secreto — ela explicou. — Quem sabe um dia...

— Você tem outros segredos?

Meagan suspirou.

— Nenhum que você precise saber — e então encolheu os ombros com indiferença.

Os homens nunca paravam de surpreendê-la. Os conselhos de sua mãe estavam certos: Não importa quão simpáticos eles pareçam, são todos iguais. Durante alguns minutos, nenhum dos dois falou. Meagan gostava daquele jeito. Ela se sentia segura no silêncio. Jesse, no entanto, não havia terminado.

— Bishop pergunta muito sobre você.

Meagan levantou a cabeça. — Isso é uma pergunta?

— Não, apenas a verdade.

— Está tudo bem. — Meagan desconversou, intencionalmente evitando os olhos de Jesse enquanto maquiava sua testa pela última vez.

O tom de Jesse era sério. — Meagan, não deixe seu coração endurecer. Você não foi feita para ser essa pessoa áspera.

Ela colocou as mãos na cintura e olhou Jesse, primeiro ofendida, depois, curiosa.

— O que você sabe sobre mim?

— Sei que você é melhor do que parece. Também sei que não é tarde demais mudar. Essa rua por onde você tem andado? As casas parecem bonitas, mas o caminho não leva a lugar algum.

Ela começou a contestar, mas os olhos dele encontraram os seus.

— Eu posso ajudar, Meagan. Realmente posso.

"Eu não preciso de sua ajuda" foram as palavras que ela começou a dizer, mas não terminou. Ele sorriu de modo gentil e tranqüilizador. Mais silêncio se seguiu. Não embaraçoso. Apenas silêncio. Meagan sentiu um sorriso se formando em resposta, mas então...

"Cinco minutos!", gritou uma voz no estúdio. Meagan levantou os olhos para ver o rosto de Eric.

Meagan nunca assistia ao *Bentley Bishop Show*. Nos dois primeiros dias, ela havia tentado, mas rapidamente se cansou daquele sorriso de teclas de piano e daquela voz de DJ. Assim, perdeu o interesse. Ela tentava conversar com outros membros da equipe, mas eles sabiam como ela havia conseguido o emprego e como o mantinha. Os veteranos do show formaram um clube fechado, e garotas como Meagan não precisavam se esforçar para se tornarem membros. "Vocês pensariam que eu tenho lepra", murmurou depois de sua última tentativa de conversar.

Meagan seguiu seu ritual diário de limpar sua penteadeira, pegar sua revista e se sentar na cadeira de maquiagem. Mas nesse dia, ao levantar o controle remoto para desligar a televisão da sala de maquiagem, ela viu Jesse entrando no palco.

A platéia aplaudiu educadamente. Ela viu Jesse cumprimentar o apresentador, sentar-se e inclinar a cabeça para os espectadores. Bishop voltou sua atenção para as fichas em cima da mesa, cada uma contendo uma pergunta preparada por Eric. Ele embaralhou as fichas e deixou as coisas acontecerem.

— Fale-nos sobre você, Sr. Carpenter. Tomei conhecimento de que você dá aula em um colégio comunitário.

— Apenas no curso noturno.

— No Alabama?

— Sim, senhor. Sawgrass, Alabama.

— As pessoas em Sawgrass sabem o que significa estresse?

Jesse acenou com a cabeça.

Bishop continuou.

— Esse é um mundo difícil, muito difícil, Jesse. Brutalmente competitivo, altamente exigente. Diga-nos, como lidar com o estresse?

O professor endireitou-se na poltrona, cruzou as mãos e começou a falar.

— O estresse sinaliza uma necessidade mais profunda, um anseio. Desejamos nos adequar, fazer a diferença. Aceitação, significado — nos importamos com isso. Então fazemos o que for preciso; ficamos endividados para comprar a casa, excedemos o limite do cartão de crédito para comprar as roupas... e a vida de monotonia começa.

— Monotonia?

— É, gastamos muita energia indo a lugar nenhum. No final do dia, ou no final da vida, não teremos movido um passo sequer. Estamos empacados.

— O que fazemos em relação a isso?

— O que tipicamente fazemos não funciona. Tiramos férias. Tomamos remédios. Tiramos vantagem de mulheres mais jovens...

Jesse olhou diretamente nos olhos de Bishop enquanto falava. Mas se Bishop ligou os pontos, não demonstrou.

Meagan entendeu, e pela primeira vez em muito tempo, sorriu.

— Não funciona, Sr. Bishop. Voltar para casa é como "beber aos poucos de um pântano". Existe algo naquela água que não é para nós bebermos. — Dessa vez, Jesse voltou-se para a câmera.

Por um momento, Meagan sentiu-se como se ele estivesse falando somente com ela. Em autodefesa, ela diminuiu o volume e observou-o falar.

Os minutos dele no show não passaram de sete. Depois ela ouviu dizer que Bishop e Eric ficaram satisfeitos, e até mesmo interessados em pedir-lhe para voltar.

Ela esperava que sim.

Jesse viu Meagan pela janela de um restaurante, espremendo limão em seu copo de água. Observou por alguns minutos. O estabelecimento tinha um estilo saudosista, uma volta aos tempos do vagão-restaurante, com balcões de soda e mesas com bordas prateadas. Dois homens em uma mesa próxima lhe disseram alguma coisa; ela os ignorou. Um garçom lhe ofereceu o menu; ela rejeitou. Um carro freou bruscamente e buzinou para um pedestre desatento; ela levantou os olhos. Foi então que Meagan o viu.

Jesse sorriu. Ela não. Mas também não desviou o olhar. Ela viu quando ele atravessou a rua estreita, entrou no café e caminhou em sua direção. Ele perguntou se podia lhe fazer companhia, e ela acenou com a cabeça. Quando ele fez sinal para o garçom, Meagan percebeu que Jesse parecia estar cansado.

Ele falou pouco enquanto esperava seu café. Ela falou menos ainda, no início. Mas depois que começou, sua história toda se desenrolou. Abandonada por um namorado em Missouri. Aborrecida com a família. Alguém lhe disse que poderia ganhar dinheiro fácil em comerciais. Fugiu para a costa Oeste. Teste após teste. Rejeição após rejeição. Finalmente a escola de cosmética. "Eu nem conclui", confessou. "Ouvi falar da vaga para o *Bentley Bishop*. Fui à entrevista e... depois de fazer o que ele queria, fui contratada. E agora" — uma lágrima rolou — "estou aqui. Pago o aluguel e não passo fome. Vinte e um anos de idade e sobrevivendo em Los Angeles. Soa como o refrão de uma música sertaneja. Mas estou bem. Pelo menos é o que digo a mim mesma".

O sanduíche de Jesse chegou. Ele ofereceu-lhe metade, mas ela não aceitou. Após algumas mordidas, ele limpou a boca com um guardanapo.

— Meagan, conheço você. Eu a tenho visto molhar os travesseiros com suas lágrimas e andar pelas ruas porque não consegue dormir. Conheço você. E sei que você detesta quem está se tornando.

— Então —, Meagan tocou o canto de seus olhos com as costas de um dedo — se você é uma pessoa "onisciente", me responda: Onde está Deus em tudo isso? Procurei por Ele durante muito, muito tempo. — Com um repentino aumento de volume, ela começou a relacionar seus erros. — Eu abandonei meus parentes. Dormi com meu chefe. Passei mais tempo em cadeiras de bar do que nos bancos de uma igreja. Estou cansada, cansada de tudo isso. — Ela mordeu os lábios e olhou para o horizonte.

Jesse olhou para a mesma direção e atraiu sua atenção. Ela levantou os olhos para vê-lo sorridente, vigoroso, como se fosse um professor de matemática e ela estivesse se esforçando com uma conta de dois mais dois.

— Onde está Deus em tudo isso? — ele repetiu pergunta dela. — Mais perto do que você imagina. — Ele pegou o copo dela e ficou segurando. — Meagan, todos que beberem dessa água sentirão sede novamente. Mas ofereço algo diferente. Quem beber a água que eu lhe der nunca mais terá sede. Nunca mais.

Silêncio outra vez.

Com o dedo Meagan mexeu os cubos de gelo no copo. Por fim, perguntou:

— Nunca mais?

— Nunca mais.

Ela olhou para longe, e, em seguida, olhou de volta e perguntou com toda a sinceridade:

— Jesse, me conte. Quem é você?

Seu novo amigo reagiu inclinando-se para a frente e respondeu:

— Pensei que você nunca iria perguntar.

1
O Coração Desidratado

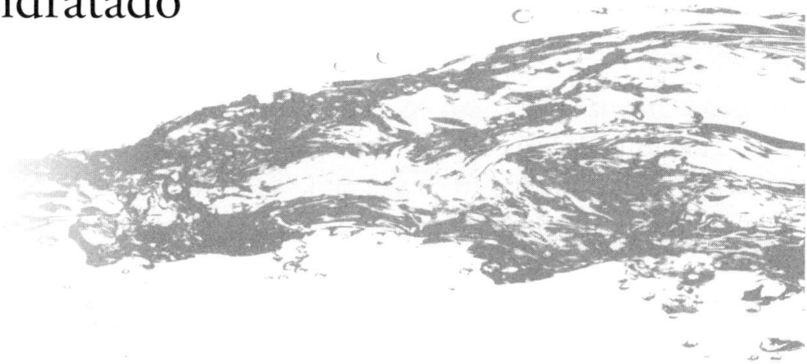

Você está acostumado com a sede física. Seu corpo, segundo estimativas, é 70% líquido. Exceto pelo cérebro, pelos ossos e alguns órgãos, somos balões de água ambulantes.

Temos de ser. Pare de beber e veja o que acontece. Os pensamentos coerentes desaparecem, a pele fica ressecada e os órgãos vitais se paralisam. Seus olhos precisam de lágrimas para chorar; sua boca precisa de umidade para engolir; suas glândulas precisam suar para manter a temperatura do seu corpo; suas células precisam de sangue para carregá-las; suas articulações precisam de líquido para lubrificá-las. Seu corpo precisa de água como uma pessoa exausta necessita de ar.

Na verdade, seu Criador o protege com a sede — um "indicador de carência de líquido". Deixe seu nível de líquido ficar baixo e observe os sinais. Boca seca. Dor de cabeça. Joelhos fracos. Prive seu corpo do líquido tão necessário, e seu corpo lhe dirá.

Prive sua alma da água espiritual, e sua alma lhe dirá. Corações desidratados enviam mensagens desesperadas. Temperamentos ríspidos. Ondas de preocupação. Uma fera rugindo de culpa e medo. Você acha que Deus quer que sua vida seja assim? Falta de esperança. Falta de sono. Solidão. Ressentimento. Irritabilidade. Insegurança. Esses são avisos. Sintomas de um coração profundamente seco.

Talvez você nunca tenha visto as coisas dessa forma. Você achava que eles faziam parte da jornada. Ansiedade, você afirma, está em seus genes assim como a cor dos olhos. Algumas pessoas têm problemas no tornozelo; outras, colesterol alto ou calvície. E você? Você se aflige.

E o mau humor? Todos passamos dias ruins, sábados tristes. Tais emoções não são inevitáveis? Absolutamente. Mas incessantes? De jeito nenhum. Veja as dores de seu coração não como batalhas para suportar, mas como uma sede interior a ser saciada — prova de que algo em você está começando a secar.

Cuide de sua alma como cuida de sua sede. Beba um gole. Absorva a umidade. Inunde seu coração com uma boa quantidade de água.

Onde se encontra água para a alma? Jesus deu uma resposta em um dia de outubro em Jerusalém. As pessoas lotaram as ruas para a representação anual do milagre que Moisés operou, de fazer sair água da rocha. Em homenagem a seus ancestrais nômades, eles dormiam em tendas. Em tributo ao milagre no deserto, eles entornavam água. Cada manhã, um sacerdote enchia um jarro com água da fonte de Gion e carregava ao longo de um caminho com pessoas enfileiradas até o Templo. Anunciado por trombetas, o sacerdote rodeava o altar com uma libação do líquido. Ele fazia isso uma vez por dia, durante sete dias. Então, no último dia, o grande dia, o sacerdote dava uma "volta de Jericó" em torno do altar — sete voltas — molhando-o com sete jarros de água. Pode ter sido nesse exato momento que o simples Mestre da região ao norte chamou a atenção do povo. "E, no último dia, o grande dia da festa, Jesus se pôs em pé e clamou, dizendo: Se alguém tem sede, que venha a mim e beba. Quem crê em mim, como diz a Escritura, rios de água viva correrão do seu ventre" (Jo 7.37,38).

Sacerdotes com finas vestes se voltaram. Pessoas surpresas olharam. Crianças arregalaram os olhos e avós desdentados hesitaram. Eles conheciam esse homem. Alguns o ouviram pregar nas montanhas hebréias; outros, nas ruas da cidade. Dois anos e meio se passaram desde que Ele emergira das águas do Jordão. A multidão já tinha visto esse carpinteiro antes.

Mas eles o tinham visto com esse ímpeto? Ele "se pôs em pé e clamou". A postura rabínica tradicional para ensinar era sentar-se e falar. Mas Jesus se levantou e bradou. O homem cego gritou, pedindo vista (Mc 10.46,47); Pedro, quando estava se afogando, clamou por ajuda (Mt 14.29,30); e o homem possuído por demônios implorou por misericórdia (Mc 5.2-7). João usa o mesmo verbo grego para descrever o volume da voz de Jesus. Esqueça a idéia de um gentil limpar de garganta. Deus estava batendo seu martelo no tribunal do céu. Cristo exigiu atenção.

Ele gritou porque o tempo era curto. A areia no gargalo de sua ampulheta estava tão escassa que os grãos podiam ser contados. Em seis meses Ele estaria arrastando uma cruz por essas ruas. E o povo? O povo tinha sede. As pessoas precisavam de água, não para suas gargantas, mas para seus corações. Então Jesus fez um convite: Seu interior está começando a secar? Venha a mim e beba.

O que H_2O pode fazer pelo seu corpo, Jesus pode fazer por seu coração. Lubrificá-lo. Umidificá-lo. Amolecer o que está ressecado, limpar o que está enferrujado. Como?

Como água, Jesus vai aonde não podemos. Jogue uma pessoa contra uma parede, e seu corpo bate e cai. Jogue água contra uma parede, e o líquido se adapta e se espalha. Sua composição molecular dá muita flexibilidade à água: em um momento se espalha e se infiltra em uma rachadura; em outro, se une e faz um estrondo ao cair em uma cachoeira. A água vai aonde não podemos.

Assim é Jesus. Ele é espírito e, embora tenha um corpo, não está limitado por esse corpo. Na verdade, João explica de modo parentético, "e isso disse ele do Espírito, que haviam de receber os que nele cressem..." (Jo 7.39). O Espírito de Jesus passa pela garganta de sua alma, limpando o medo, expelindo a tristeza. Ele faz por sua alma o que a água faz por seu corpo. E ainda bem que não temos de lhe indicar as direções.

Não damos direções à água, não é? Antes de engolir, você não olha para o líquido e diz: "Dez gotas vão para o meu baço. Preciso de cinqüenta gotas no sistema cardiovascular. O restante vai em direção ao norte, para o meu couro cabeludo. Está coçando muito hoje". De alguma forma, a água sabe aonde ir.

Jesus também sabe. Ele não precisa de suas direções, mas de sua permissão. Como a água, Jesus não entrará a menos que seja "sorvido". Ou seja, devemos nos render à sua soberania. Você pode estar em um rio com água na altura de sua cintura, e ainda assim morrer de sede. Até que você a beba, a água não faz bem algum ao seu organismo. Até que você tome um gole de Cristo, o mesmo é verdade.

Você não precisa beber algo? Não anseia eliminar o medo, a ansiedade e a culpa? Você pode. Observe o destinatário do convite dEle: "Se *alguém* tem sede, venha a mim e beba" (v. 37, ênfase do autor). Você é alguém? Se for, então vá à fonte. Você está qualificado para essa água.

Todas as idades são bem-vindas. Ambos os sexos são convidados. Nenhuma raça está excluída. Vilões. Malandros. Cafajestes e rústicos. Todos são bem-vindos. Você não tem de ser rico, religioso, bem-sucedido para beber; precisa simplesmente seguir as instruções sobre o que — ou melhor, *quem* — beber. Ele. A fim de que Jesus faça o que a água faz, você deve deixá-lo entrar em seu coração, no mais íntimo do seu coração.

Internalize-o. Receba-o com alegria na obra interior de sua vida. Deixe Cristo ser a água de sua alma.

Como isso é feito? Comece prestando atenção à sua sede. Não descarte sua solidão. Não negue sua ira. Seu espírito cansado, seu estômago agitado, a sensação de morte que transforma suas axilas em um território alagado — esses são sinais luminosos explodindo no céu. *Poderíamos usar um pouco de umidade aqui!* Não deixe seu coração se encolher como uma uva passa. Por aqueles que precisam de seu amor, hidrate sua alma! Sacie sua sede.

E beba água boa. Não tome água suja. Você bebe plástico, papel ou pimenta? Misericórdia! Em relação à sede do corpo, aprendemos a buscar a solução certa. Faça o mesmo pelo seu coração. Nem tudo o que você leva aos seus lábios será útil para sua sede. Os braços do amor proibido podem satisfazer por algum tempo, mas só por algum tempo. Uma carga de trabalho semanal de oitenta horas causa um sentimento de satisfação, mas nunca eliminam a sede. Tenha uma preocupação especial com a garrafa com o rótulo "religião". Jesus teve. Observe o cenário em que Ele fala. Ele não está se dirigindo a prostitutas ou desordeiros, prisioneiros ou internos de um reformatório. Não, Ele se dirigiu a pessoas devotas em uma convenção religiosa. Símbolos religiosos estão ao redor como produtos que são vendidos ao ar livre: o Templo, o altar, trombetas e vestes. Ele poderia ter apontado para qualquer item como fonte de água. Mas não o fez. Esses são apenas símbolos.

Ele aponta para si mesmo, o único a quem os símbolos apontam e em quem se completam. A religião tranqüiliza, mas nunca satisfaz. Atividades na igreja podem ocultar uma sede, mas só Cristo a sacia. Beba-*o*.

E beba com freqüência. Jesus emprega um verbo que sugere goles repetidos. Literalmente, "deixe-o vir a mim e beber e continuar bebendo". Uma garrafa não satisfará sua sede. Goles regulares satisfazem a sede da garganta. A comunhão contínua satisfaz a sede da alma.

Para finalizar, dou-lhe essa ferramenta: uma oração para o coração sedento. Carregue-a como um ciclista carrega uma garrafa de água. A oração resume quatro elementos para a hidratação da alma: a obra de Deus, a força de Deus, sua soberania e seu amor.

Senhor, eu venho sedento. Venho para beber, para receber. Recebo tua *obra* na cruz e em tua ressurreição. Meus pecados estão perdoados, e minha morte, derrotada. Recebo tua força. Capacitado pelo teu Espírito Santo, posso todas as coisas em Cristo, que me fortalece. Recebo sua *soberania*. Eu pertenço a ti. Nada vem a mim sem que tenha passado por ti. E eu recebo o teu *amor*. Nada pode me separar do teu amor.

> Você não precisa de goles regulares do reservatório de Deus? Eu preciso. Tenho oferecido essa oração em inúmeras situações: encontros estressantes, dias tristes, longos percursos, viagens exigentes, decisões que testam o nosso caráter. Muitas vezes por dia vou à fonte de Deus e recebo de novo sua obra por meu pecado e morte, a força de seu Espírito, sua soberania e seu amor.

Beba comigo dessa fonte inesgotável. Você não tem de viver com um coração desidratado.

Receba a *obra* de Cristo na cruz,
a *força* de seu Espírito,
sua *soberania* em sua vida,
seu infindável, infalível *amor*.

Beba profundamente e com freqüência. E do seu interior fluirão rios de água viva.

Parte 1

Aceite sua Obra

2
Vacinação contra o Pecado

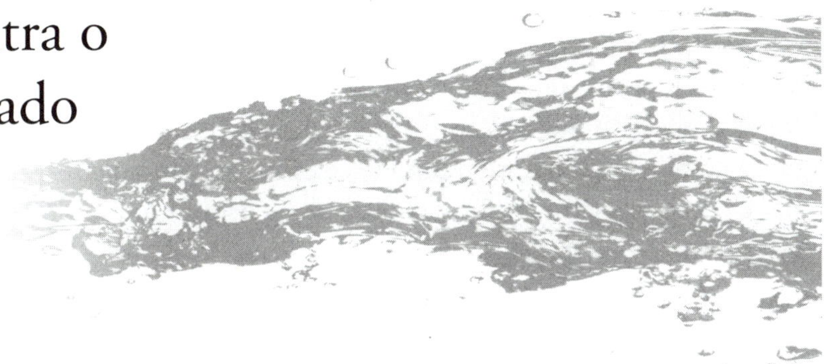

Em outubro de 1347, uma esquadra de Gênova retornou do mar Negro, carregando a sentença de morte para a Europa. Quando os navios atracaram em Messina, Itália, muitos marinheiros estavam mortos. Os poucos que sobreviveram preferiam que não o tivessem. A febre torturava seus corpos. Furúnculos supurados se espalhavam por sua pele. Ratos cheios de pulgas já haviam fugido para a cidade, e o ditador bubônico começou sua marcha cruel pelo continente.

A doença seguiu a rota para o norte pela Itália em direção à França e outras nações. Na primavera rompeu a fronteira da Inglaterra. Dentro cinco anos curtos e brutais, vinte e cinco milhões de pessoas, um terço da população da Europa, havia morrido. E era apenas o começo.

Três séculos mais tarde ela ainda devastava. Em 1665, uma epidemia dizimou cem mil londrinos, levando cerca de sete mil vidas por semana até que um inverno severo, embora misericordiosamente frio, matasse as pulgas.

Nenhuma cura não era conhecida. Nenhuma esperança era oferecida. As pessoas saudáveis isolavam os infectados em quarentena. Os infectados contavam seus dias.

Quando você fizer uma lista dos castigos mais severos da história, coloque a Peste Negra logo no início. Ela dá um destaque. Mas não o maior. Chame a doença de catastrófica, desastrosa. Porém, a mais mortal da humanidade? Não. As Bíblia reserva esse título para uma infecção mais negra, uma doença mais antiga. Nenhuma cultura está livre, nenhuma nação escapa, nenhuma pessoa pode evitar a infecção do pecado.

Considere a bactéria *Yersinia pestis* culpada pela peste bubônica. Considere uma decisão sem Deus culpada pela praga do pecado. Adão e Eva voltaram a cabeça em direção ao sibilar de uma serpente, e pela primeira vez ignoraram a Deus. Eva não perguntou: "Deus, o que o Senhor deseja?" Adão não sugeriu: "Vamos consultar o Criador". Eles agiram como se não tivessem um Pai celestial.. A vontade dEle foi ignorada, e o pecado, com a morte em sua aba, entrou no mundo.

O pecado não vê o mundo com Deus nele.

Onde podemos pensar no pecado como enganos ou passos errados, Deus vê como uma atitude sem Deus que leva a atitudes sem Deus. "Todos nós andamos desgarrados como ovelhas; cada um se desviava pelo seu caminho" (Is 53.6). A mente pecaminosa põe Deus de lado. Não consulta seus conselhos. Sua opinião não é solicitada. Seu plano não é considerado. O infectado pelo pecado dá a Deus o mesmo respeito que alunos intermediários dão a um professor substituto — reconhecem, mas não levam a sério.

Não estar centrado em Deus nos leva a nos centrarmos em nós mesmos. O pecado celebra sua letra central.* Ele proclama: "A vida é sua, não é? Encha seu corpo com drogas, sua mente com ganância, suas noites com prazer". A ausência de Deus leva a uma vida dominada pelo eu, uma vida infantil, uma vida de fazer "a vontade da carne e dos pensamentos" (Ef 2.3).

Deus nos diz para amarmos. Eu escolho odiar.

Deus instrui: "Perdoe". Eu opto pela vingança.

Deus proclama o domínio próprio. Eu sou a favor de que devemos ceder às nossas inclinações.

O pecado, por algum tempo, sacia a sede. Mas assim faz a água salgada. Passado alguns momentos, a sede volta, mais intensa e exigindo cada vez mais. "Tendo perdido toda a sensibilidade, eles se entregaram à depravação, cometendo *com avidez* toda espécie de impureza" (Ef 4.19 – NVI, ênfase minha).

Pagamos um alto preço pela obsessão por nós mesmos. "Portanto, os que estão na carne não podem agradar a Deus" (Rm 8.8). Paulo fala de pecadores quando descreve aqueles que

> ... tendo conhecido a Deus, não o glorificaram como Deus, nem lhe deram graças; antes, em seus discursos se desvaneceram, e o seu coração insensato se obscureceu. Pelo que também Deus os entregou às concupiscências do seu coração, à imundícia, para desonrarem o seu corpo entre si (Rm 1.21,24).

Você já viu o caos. O marido ignora a esposa. O ditador assassinando milhões. Homens maduros seduzindo jovens. Jovens desrespeitando os mais velhos. Quando você faz o que quer, quando eu faço o que quero, e ninguém considera o que Deus quer que seja feito, a humanidade implode. A contaminação da pessoa leva à corrupção do povo. Como o pastor puritano Joseph Alleine escreveu: "Ó, homem miserável, em que monstro deformado o pecado lhe transformou! Deus fez você 'pouco abaixo dos anjos'; o pecado o tem feito pouco melhor que os demônios".[1] Extraia a Deus; espere o caos terrenos e, muito pior, espere a miséria eterna.

Deus deixou isso claro. A praga do pecado não cruzará suas fronteiras. Almas infectadas nunca andarão em suas ruas. "Não sabeis que os injustos não hão de herdar o Reino de Deus? Não erreis: nem os devassos, nem os idólatras, nem os adúlteros, nem os efeminados, nem os sodomitas, nem os ladrões, nem os avarentos, nem os bêbados, nem os maldizentes, nem os roubadores herdarão o Reino de Deus" (1 Co 6.9,10). Deus se recusa a comprometer a pureza espiritual do céu.

Aqui está o terrível fruto do pecado. Leve uma vida sem Deus, e espere uma eternidade sem Deus. Passe a vida dizendo a Deus para lhe deixar sozinho, e Ele o fará. Ele lhe dará uma existência "sem esperança e sem Deus" (Ef 2.12 – NVI). Jesus "punirá os que não conhecem a Deus e os que não obedecem ao evangelho de nosso Senhor Jesus. Eles sofrerão a pena de destruição eterna, a separação da presença do Senhor e da majestade do seu poder" (2 Ts 1.8,9 – NVI).

Cristo não guarda segredos sobre o inferno. Sua descrição propositalmente "arrepia" a alma:

- Um lugar de trevas (Mt 8.12)
- Uma fornalha de fogo (Mt 13.42)
- Um lugar onde "o seu bicho não morre, e o fogo nunca se apaga" (Mc 9.48)

Os cidadãos do inferno desejam morrer, mas não podem. Suplicam por água, mas não recebem. Passam por uma noite sem amanhecer.

Assim, o que podemos fazer? Se todos fomos infectados e o mundo está corrompido, a quem recorremos? Ou, para refazer a grande questão das Escrituras: "Que é necessário que eu faça para me salvar?" (At 16.30). A resposta que foi dada ainda é a mesma: "Crê no Senhor Jesus Cristo" (At 16.31).

Por que Jesus? Por que não Maomé ou Moisés? Joseph Smith ou Buda? O que qualifica exclusivamente a Jesus para salvar da doença do pecado? Em uma frase: *Cristo, que não tem pecado, tornou-se pecado para que nós, os pecadores, pudéssemos ser considerados sem pecado.* "Deus tornou pecado por nós aquele que não tinha pecado, para que nele nos tornássemos justiça de Deus" (2 Co 5.21 – NVI). Cristo não só se tornou a oferta pelo pecado recebendo o castigo de Deus pelos pecados da humanidade; Ele também superou a punição pelo pecado (morte) através de sua gloriosa ressurreição dos mortos.

A maior calamidade da vida, sob a perspectiva de Deus, é que as pessoas morram em pecado. Em uma sentença Cristo alertou duas vezes: "Eu lhes disse que vocês morrerão em seus pecados. Se vocês não crerem que Eu Sou, de fato morrerão em seus pecados" (Jo 8.24 – NVI). Esqueça terremotos ou crises econômicas. A pior desgraça é carregar seus pecados em seu caixão. O céu não conhece uma tragédia pior. E o céu não poderia oferecer um presente maior do que esse: Cristo "padeceu uma vez pelos pecados, o justo pelos injustos, para levar-nos a Deus" (1 Pe 3.18).

E se um trabalhador milagrosamente tivesse feito algo parecido com a Peste Negra? Imagine um homem que nascesse com resistência bubônica. A bactéria não poderia entrar em seu sistema a menos que ele permitisse. E, inacreditavelmente, ele o faz. Ele vai em busca dos infectados e faz a seguinte proposta: "Toque minha mão. Dê-me sua doença, e receba minha saúde".

As pessoas cheias de furúnculos e com febre não têm nada a perder. Elas olham sua mão estendida e a tocam. Conforme a palavra do homem, a bactéria passa do organismo delas para o seu. Mas seu alívio significa a angústia dele. Sua pele se enche de erupções e seu corpo incha. E enquanto os curados permanecem admirados, o portador da doença vai embora mancando.

Nossos livros de história não registram esse fato. Mas nossa Bíblia sim.

> Mas ele foi ferido pelas nossas transgressões e moído pelas nossas iniqüidades; o castigo que nos traz a paz estava sobre ele, e, pelas suas pisaduras, fomos sarados. Todos nós andamos desgarrados como ovelhas; cada um se desviava pelo seu caminho, mas o Senhor fez cair sobre ele a iniqüidade de nós todos.
> Pelo que lhe darei a parte de muitos, e, com os poderosos, repartirá ele o despojo; porquanto derramou a sua alma na morte e foi contado com os transgressores; mas ele levou sobre si o pecado de muitos e pelos transgressores intercedeu (Is 53.5,6,12).

Cristo responde ao pecado universal com um sacrifício universal, levando os pecados do mundo inteiro. Essa é a obra de Cristo *por* você. Porém a música da salvação de Deus tem dois versos. Ele não só assumiu seu lugar na cruz; Ele toma o lugar dEle em seu coração. Esta é a segunda estrofe; a obra de Cristo *em* você.

"Já estou crucificado com Cristo", disse Paulo, "e vivo, não mais eu, mas Cristo vive em mim" (Gl 2.20).

Ou, como disse a uma igreja: "Não sabeis vós que sois o templo de Deus e que o Espírito de Deus habita em vós?" (1 Co 3.16).

Na salvação, Deus entra no coração de seus "Adãos e Evas". Ele se coloca dentro de nós permanentemente. Que poderosas implicações isso traz. Quando Deus vive e respira em você (e Ele faz, tão certo quanto fez em Jesus), você fica livre da vida morta (Rm 8.11).

Deixe-me mostrar-lhe como isso funciona. Levou três séculos, mas a Peste Negra finalmente alcançou a estranha vila de Eyam, Inglaterra. George Viccars, um alfaiate, desembrulhou um pacote enviado de Londres. A roupa que havia encomendado chegara. No entanto, ao abrir e sacudi-la, libertou moscas infectadas com a praga. Dentro de quatro dias, ele estava morto, e a vila foi condenada. A cidade generosamente se pôs em quarentena, tentando proteger a região. Outros camponeses depositavam comida em um campo aberto e deixavam os moradores de Eyram morrerem sozinhos. Porém, para a surpresa de todos, muitos sobreviveram. Um ano depois, quando estrangeiros visitaram a cidade novamente, descobriram que metade dos moradores haviam resistido à doença. Como? Eles tiveram contato com ela. Eles a respiraram. Uma mãe sobrevivente enterrou seis filhos e seu marido em uma semana. O coveiro havia tocado em centenas de corpos infectados e não morreu. Por que não? Como eles sobreviveram?

Genética. Através de estudos do DNA de descendentes, os cientistas descobriram a prova de um gene que bloqueia doenças. O gene fortalece as células brancas do sangue, prevenindo a entrada da bactéria. A praga, em outras palavras, podia atingir pessoas com esse gene, mas não matá-las. Conseqüentemente, um pequeno grupo nadou em um mar de infecção, mas emergiu ilesa. Tudo porque tinham os pais certos.[2] Qual é o segredo para sobreviver à Peste Negra? Ter os ancestrais certos.

É claro que eles não podiam. Mas por Deus você pode. Você pode selecionar seu pai espiritual. Você pode mudar sua árvore genealógica com origem em Adão por uma com origem em Deus. E quando você faz, Ele entra. A resistência dEle se torna a sua. O revestimento Teflon dEle se torna seu. O pecado pode seduzi-lo, mas nunca escravizá-lo. O pecado tentará tocá-lo, desencorajá-lo e distraí-lo, mas não pode condená-lo. Cristo está em você, e você está nEle, e "nenhuma condenação há para os que estão em Cristo Jesus"(Rm 8.1).

Posso impulsioná-lo a confiar nessa verdade? Deixe que sua oração constante seja esta: "Senhor, eu recebo sua obra. Meus pecados estão perdoados". Confie na obra de Deus *por* você. Então confie na presença de Cristo *em* você. Tome goles freqüentes, revigorantes, de sua fonte de graça. Você precisa de lembretes regulares de que não está fatalmente afligido! Não viva como se estivesse.

Alguns anos atrás, percebi um tremor em meu polegar esquerdo. Imediatamente, imaginei o pior. Meu pai morreu da doença de Lou Gehrig; minha hora estava chegando. Quando consultei um médico, já havia preparado Denalyn para viver como uma jovem viúva.

O diagnóstico provou que eu estava errado. Nenhuma doença foi encontrada. Investigue as condições no passado, a cafeína, o estresse, a árvore genealógica, mas o médico informou: "Você não têm ELA (Esclerose Lateral Amiotrópica). Você está bem de saúde.

Ao ouvir as notícias, fiz o que você deve estar imaginando. Comecei a chorar e perguntei: "Quanto tempo ainda tenho?"

O médico levantou a cabeça, confuso.

"Alguma chance de você me ajudar a contar as notícias à minha esposa?"

Ainda assim ele não respondeu. Supondo que também estivesse muito emocionado, o abracei e saí.

Ao parar em uma loja de materiais hospitalares, pedi uma cadeira de rodas e uma cama ajustável, e me informei acerca de serviços de enfermagem domiciliar. Chamei Denalyn e disse-lhe que não tinha boas notícias.

Espere um segundo, você deve estar pensando. *Você não ouviu o que o médico lhe disse?*

E eu estou querendo saber: Você não ouviu o que o céu lhe disse?

Cristo habita em você! Por que a culpa em seu rosto? Por que a sombra de vergonha? Não deveríamos viver com um sorriso e um brilho no olhar?

Aquela reação à resposta do médico sobre o tremor em meu polegar? Eu inventei. Honestamente, eu apertei a mão de meu médico, sorri para a recepcionista e transmiti a Denalyn as boas notícias. E agora, quando vejo aquele polegar tremendo, faço uma massagem e ponho minha confiança nas palavras do médico. Faça o mesmo. Pois assim como meu dedo treme ocasionalmente, você pecará ocasionalmente. E quando isso acontecer, lembre-se: Cristo está em você! Confie em sua obra *por* você. Ele assumiu seu lugar na cruz. E confie em sua obra *em* você. Seu coração é o lar dEle, e Ele é o seu Mestre.

** N. do T.: Pecado em inglês é sin, cuja letra central (I) significa "eu".*

3
Quando a Graça se Aprofunda

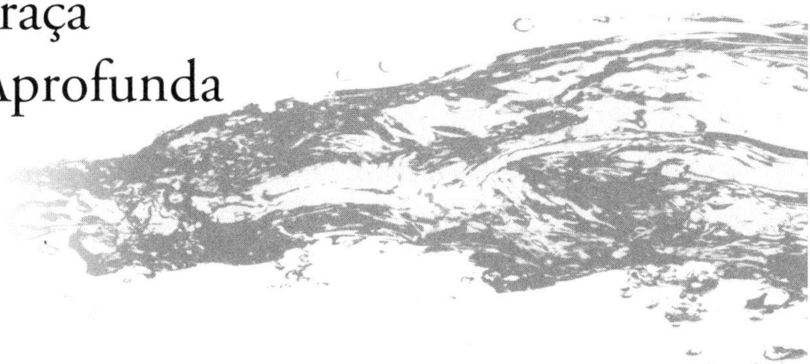

O filho pródigo se arrasta pelo caminho. Seu fedor de porcos faz com que as pessoas se afastem dele, que não percebe. Com os olhos voltados para o chão, ele ensaia seu discurso: "Pai" — sua voz mal pode ser ouvida — "pequei contra o céu e perante ti. Já não sou digno de ser chamado teu filho". Ele refaz as frases, querendo saber se deveria dizer mais, menos ou uma meia volta para o curral. Além disso, ele sacou no fundo de confiança e desvalorizou o nome da família. Durante o último ano, ele acordou com mais sede, dores de cabeça, mulheres e tatuagens do que um astro do rock. Como seu pai poderia perdoá-lo? *Talvez eu pudesse me oferecer para pagar os cartões de crédito*. Ele está tão concentrado no planejamento da penitência que não ouve seu pai... correndo!

O pai abraça o jovem coberto de lama como se fosse um herói voltando da guerra. Então, dá ordens aos criados para trazerem uma veste, um anel e sandálias, como se dissesse: "Nenhum de meus meninos vai se parecer com uma pessoa que trabalha no chiqueiro. Acendam a churrasqueira. Tragam os refrigerantes. É hora de festa!"

Nesse momento o irmão mais velho está diante da entrada zangado. "Ninguém nunca me deu uma festa", murmura, os braços cruzados.

O pai tenta explicar, mas o filho ciumento não ouve. Ele ofende, encolhe os ombros, murmura alguma coisa sobre graça barata, sela seu cavalo e vai embora. Mas você conhece isso. Você já leu a parábola do pai gracioso e do filho hostil (veja Lucas 15.11-32).

Mas você ouviu o que aconteceu em seguida? Leu o segundo capítulo? É uma virada de página. O irmão mais velho decide interferir na festa do perdão. *Se papai não fizer justiça correta com o menino, eu farei.*

"Bonita roupa, irmãozinho", ele fala um dia. "É melhor mantê-la limpa. Uma mancha e papai o mandará para a máquina de lavar com ela."

O mais jovem acena quando ele vai embora, mas na próxima vez que vê seu pai, rapidamente verifica se há manchas na roupa.

Poucos dias depois, o irmão mais velho avisa sobre o anel.

— Que bela jóia o papai lhe deu. Ele prefere que seja usada no dedo polegar.

— No polegar? Ele não me disse nada.

— Algumas coisas, espera-se apenas que saibamos.

— Mas não cabe no meu dedo.

— Qual é o seu objetivo — agradar nosso pai ou seu conforto pessoal? — zomba o monitor da espiritualidade, retirando-se.

O irmão mais velho não terminou. Com a delicadeza de um auditor melancólico, ele escarnece:

— Se papai o vir com as sandálias frouxas, as pegará de volta.

— Não. Elas foram um presente. Ele não iria... iria? — O ex-filho pródigo então se inclina para ajustar as sandálias. Ao fazer isso, ele suja a roupa. Na tentativa de limpá-la, percebe que o anel não está no polegar. Foi quando ouviu a voz de seu pai: "Olá, filho".

Ali está o jovem sentado, vestindo uma roupa suja, com as sandálias frouxas e um anel no dedo errado. Dominado pelo medo, ele reage com um "Desculpe, papai", e corre.

Tarefas demais. Manter a roupa sem mancha, o anel posicionado, as sandálias ajustadas — quem poderia se enquadrar em tais padrões? A preservação do presente começa a deixar o jovem exausto. Ele evita o pai a quem acredita não poder agradar. Ele desiste de usar os presentes que não é capaz de manter. E até começa a sentir saudades dos dias mais simples quando cuidava de porcos. "Ninguém me perseguia lá."

Esse é o restante da história. Quer saber onde encontrei? Na página 1892 de minha Bíblia, no livro de Gálatas. Graças a alguns irmãos mais velhos legalistas, os destinatários da epístola de Paulo deixaram a graça recebida para manter a lei. Sua vida cristã havia alcançado o nível de alegria de uma endoscopia gastrintestinal alta. Paulo estava confuso.

> Maravilho-me de que tão depressa passásseis daquele que vos chamou à graça de Cristo para outro evangelho, o qual não é outro, mas há alguns que vos inquietam e querem transtornar o evangelho de Cristo. Sabendo que o homem não é justificado pelas obras da lei, mas pela fé em Jesus Cristo, temos também crido em Jesus Cristo, para sermos justificados pela fé de Cristo e não pelas obras da lei, porquanto pelas obras da lei nenhuma carne será justificada (Gl 1.6,7; 2.16).

Ladrões de alegria se infiltraram na igreja romana do mesmo jeito. Paulo os havia alertado: "Mas, àquele que não pratica, porém crê naquele que justifica o ímpio, a sua fé lhe é imputada como justiça" (Rm 4.5).

Cristãos filipenses deram ouvidos às mesmas tolices. Irmãos mais velhos não estavam lhes dizendo para usar um anel no polegar, mas insistiam que deveriam ser circuncidados para serem salvos.

Até a Igreja em Jerusalém, a congregação mais importante, ouviu os monólogos solenes da Junta de Controle de Qualidade. Aos crentes gentios foi dito: "Se vos não circuncidardes, conforme o uso de Moisés, não podeis salvar-vos" (At 15.1).

As igrejas sofreram da mesma enfermidade: bloqueio da graça. O Pai pode deixá-lo adentrar os portões, mas você tem de tornar-se merecedor de seu lugar à mesa. Deus liquidou o pagamento de sua redenção, mas você paga as prestações mensais. O céu lhe dá o barco, mas você tem de remá-lo se quiser pelo menos ver a outra margem.

Bloqueio da graça. Prove, mas não beba. Molhe seus lábios, mas nunca satisfaça sua sede. Você consegue imaginar tais instruções em uma fonte? "Não engula, por favor. Encha sua boca, mas não sua barriga."

Absurdo. Qual é o benefício da água se você não puder bebê-la? E qual é o benefício da graça se você não deixar que ela se aprofunde?

Você faz isso? Que imagem melhor descreve seu coração? Uma criança encharcada de água em frente a um hidrante? Ou uma semente caída no deserto? Aqui está a forma que você conhece. Uma pergunta. A graça de Deus *define* você? A graça que flui profundamente esclarece, de uma vez por todas, quem nós somos.

> Mas Deus, que é riquíssimo em misericórdia, pelo seu muito amor com que nos amou, estando nós ainda mortos em nossas ofensas, nos vivificou juntamente com Cristo (pela graça sois salvos), e nos ressuscitou juntamente com ele, e nos fez assentar nos lugares celestiais, em Cristo Jesus; para mostrar nos séculos vindouros as abundantes riquezas da sua graça, pela sua benignidade para conosco em Cristo Jesus. Porque pela graça sois salvos, por meio da fé; e isso não vem de vós; é dom de Deus. Não vem das obras, para que ninguém se glorie (Ef 2.4-9).

Veja como a graça nos define.

- Estamos vivos espiritualmente: "nos vivificou" (v. 5).
- Estamos posicionados celestialmente: "nos fez assentar nos lugares celestiais" (v. 6).
- Estamos unidos a Deus: "juntamente com ele" (v. 6).
- Somos um exemplo de misericórdia: "para mostrar nos séculos vindouros as abundantes riquezas de sua graça" (v. 7).
- Somos filhos honrados: "pela graça sois salvos" (v. 8).

A graça define você. Quando a graça é absorvida, os rótulos terrenos desaparecem. A sociedade rotula você como uma lata em uma linha de produção.

Estúpido.
Improdutivo.
Lento para aprender.
Rápido para falar.
Molenga.
Entediante.

Mas quando a graça se infiltra, as críticas se desintegram. Você sabe que não é quem eles dizem. Você é quem Deus disse que você é. Espiritualmente vivo. Posicionado celestialmente. Unido ao Pai. Um exemplo de misericórdia. Um filho honrado.

É claro que nem todos os rótulos são negativos. Algumas pessoas o consideram bonito, inteligente, bem-sucedido ou eficiente. Todavia, nem um oficial da Casa Branca se compara a estar assentado com Ele nos lugares celestiais. A graça cria o resumo do cristão.

Isso certamente aconteceu com Mefibosete. Fale sobre uma vida redefinida. Depois de assumir o trono de Saul, "disse Davi: Há ainda alguém que ficasse da casa de Saul, para que lhe faça bem por amor de Jônatas?" (2 Sm 9.1).

Os filisteus, você se lembra, derrotaram Saul em uma batalha. Depois que o conflito se acalmou, Davi se empenhou para demonstrar misericórdia aos descendentes de Saul. Um servo chamado Ziba se lembrou: "Ainda há um filho de Jônatas, aleijado de ambos os pés" (v. 3). Nenhum nome foi mencionado. Apenas a dor. Rotulado pelo infortúnio. Um capítulo anterior revela o que aconteceu. Quando a notícia sobre a morte de Saul e Jônatas chegou à capital, uma criada da casa de Jônatas pegou o filho dele, um menino de cinco anos de idade, e fugiu. Porém, na pressa, ela tropeçou e derrubou o menino, que ficou aleijado.

Aonde vai uma criança assim? Incapaz de andar. Incapaz de trabalhar. O pai e o avô estão mortos. Aonde o neto de um líder derrotado pode ir?

E sobre Lo-debar? Soa como um lugar charmoso esquecido. Como No Trees, Texas, ou Weed, Oregon, ou French Lick, Indiana. Lo-debar, Israel. Lugar apropriado para Mefibosete. Preso a um nome maior que seu braço. Derrubado como um melão em um saco de papel rasgado. Quão baixo se pode ir? Baixo o bastante para acabar vivendo no distrito com aluguéis baratos em Lo-debar.

Acostumado com suas ruas? Se você foi derrubado, você está. Derrubado da lista. Derrubado por um rapaz. Derrubado pelo time. Derrubado em um orfanato. E agora você anda mancando. As pessoas não se lembram do seu nome, mas sim de sua dor. "Ele é o alcoólatra." "Oh, eu me lembro dela, A viúva." "Sabe a mulher divorciada de Nowheresville?" "Não. Lo-debarville." Você vive com rótulos.

Mas então algo do tipo Cinderela acontece. Os servos do rei batem à sua porta em Lo-debar. Eles o colocam em uma carruagem e o levam à presença do rei. Você imagina o pior e começa a orar por um companheiro de cela que não ronque. No entanto, os servos não deixam você nos degraus da prisão; eles o levam à mesa do rei. Logo acima de seu prato está um cartão com seu nome. E a partir daquele momento, "Mefibosete passou a comer à mesa de Davi como se fosse um dos seus filhos" (2 Sm 9.11 – NVI).

Charles Swindoll tem uma galáxia de belos parágrafos. Porém, o meu favorito é essa cena que imaginou do palácio de Davi.

> Acessórios de ouro e de bronze brilham nas paredes. Imponentes tetos de madeira adornam cada sala espaçosa... Davi e seus filhos se reúnem para uma refeição noturna. Absalão, moreno e belo, está presente, assim como a linda filha de Davi, Tamar. O aviso para o jantar foi dado, e o rei examina a sala para ver se todos estão presentes. Todavia, está faltando alguém.
> Um som vindo do corredor ecoa pela sala. Finalmente, a pessoa aparece na porta e lentamente se arrasta até o seu lugar. É o coxo Mefibosete assentado à mesa da graça de Davi. E a toalha da mesa cobre seus pés. Agora o banquete pode começar.[1]

De Lo-debar ao palácio, da obscuridade à realeza, de futuro algum para a mesa do rei. Que mudança para Mefibosete. Que lembrete para nós. Ele molda nossa jornada. Deus nos ergue dos becos sem saída de Lo-debarville e nos faz assentar à sua mesa. "... e nos fez assentar nos lugares celestiais, em Cristo Jesus" (Ef 2.6).

Deixe sua alma de molho neste versículo. Na próxima vez que o vento árido do deserto soprar, definindo você pelos conflitos do passado, pegue um cálice da graça de Deus e beba. A graça define quem você é. O pai ou mãe que você não é capaz de agradar erra tanto quanto o tio coruja que não é capaz de desapontar. As pessoas não têm esse poder. Somente Deus. Segundo Ele, você lhe pertence. Ponto final. "Porque somos feitura sua, criados em Cristo Jesus para as boas obras, as quais Deus preparou para que andássemos nelas" (Ef 2.10).

Suponha que Mefibosete tivesse visto esse versículo. Imagine alguém voltando os tempos de Lo-debar e contando-lhe: "Não desanime, amigo. Sei que você não pode dançar ou correr. Os outros jogam futebol, e você está preso aqui, olhando pela janela. Mas ouça, Deus escreveu sua história. Ele o escalou para o episódio. Daqui a três mil anos, sua história será uma imagem da graça para alguns leitores no século XXI".

Ele acreditaria? Não sei. Mas oro para que você acredite. Você está exposto como uma obra de arte de Deus, um testemunho em sua galeria de graça.

Cerca de cem anos atrás, um grupo de pescadores estava descansando na sala de jantar de uma hospedaria no litoral da Escócia, contando "histórias de pescador". Um dos homens fazia gestos largos, descrevendo o tamanho de um peixe que havia escapado. Seu braço bateu na bandeja de chá que uma criada estava servindo, lançando o bule na parede caiada, onde seu conteúdo deixou uma irregular mancha marrom.

O dono da hospedaria avaliou o prejuízo e suspirou: "A parede toda terá de ser pintada novamente".

"Talvez não", disse o hóspede. "Deixe-me trabalhar nela."

Não tendo nada a perder, o proprietário consentiu. O homem pegou pincéis, alguns vidros de óleo de linhaça e corantes em uma caixa. Então esboçou algumas linhas em volta da mancha de chá, e preencheu com sombras e cores. Depois de algum tempo, uma figura começou a surgir: um veado com um grande par de chifres. O homem escreveu seu nome na parte inferior, pagou pela refeição e saiu. Seu nome: Sir Edwin Landseer, famoso pintor de animais selvagens.

Em suas mãos, um erro tornou-se uma obra de arte.[2] As mãos de Deus fazem o mesmo, vezes sem conta. Ele une as manchas irregulares incoerentes de nossa vida e as transforma em expressões de seu amor. Nós nos tornamos pinturas: "para mostrar nos séculos vindouros as abundantes riquezas da sua graça, pela sua benignidade para conosco em Cristo Jesus" (Ef 2.7).

Quem determina sua identidade? O que define você? O dia em que foi derrubado? Ou o dia em que foi conduzido à mesa do Rei?

Receba obra de Deus. Beba profundamente de sua fonte de graça. À medida que a graça chega ao fundo de sua alma, Lo-debar se tornará um ponto no espelho retrovisor. Os dias sombrios não definirão mais. Agora você está no palácio.

E agora você sabe o que dizer aos irmãos mais velhos desse mundo. Não há necessidade de uma frenética preocupação com a limpeza das vestes ou regras para o uso do anel. Seus feitos não o salvam. E seus feitos não mantêm sua salvação. A graça sim. Na próxima vez que os irmãos mais velhos começarem a ameaçar mais do que um par de dobermanns, afrouxe as sandálias, coloque o anel no dedo e cite o apóstolo da graça, que disse: "Mas, pela graça de Deus, sou o que sou" (1 Co 15.10).

4
Quando a Morte se Transforma em Nascimento

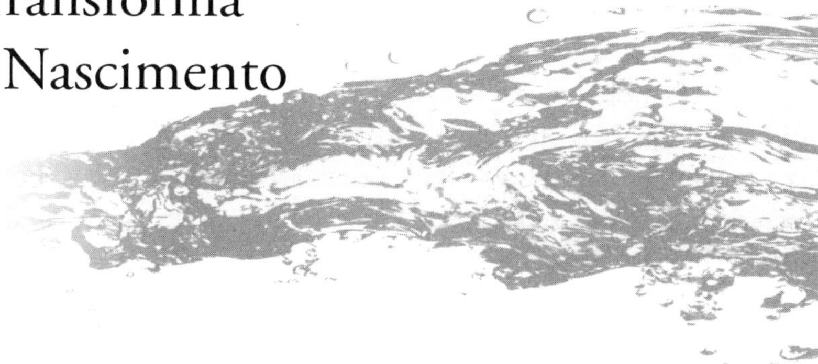

O que você poderia fazer para escapar da morte? Ao ouvir seus passos inflexíveis em direção à sua porta, quanto você pagaria por uma prorrogação? Você lhe entregaria sua mão direita?

Aron Ralston entregou. O aventureiro de vinte e sete anos passava suas folgas em viagens longas e difíceis para escalar o pico das montanhas Rocky. Ele chegou ao topo de quarenta e cinco delas, sozinho, todas no inverno, a maioria depois da meia-noite. A vida nos extremos não é novidade para ele. Mas e a vida embaixo de uma pedra de mais de 350 quilos? Ele estava escalando uma se deslocou, prendendo sua mão direita contra o paredão de uma fenda estreita em um cânion remoto em Utah.

Ele empurrou a rocha com seu ombro e tentou talhá-la com sua faca; experimentou até erguê-la usando sua corda como roldana. A pedra não se moveu. Cinco dias depois, com o fim da comida e da água, e tendo divagado entre depressão, lembrança dos amigos e da família, tomou uma decisão, uma idéia que faz os simples mortais engolirem a seco. Ele decidiu cortar a mão direita.

"Ocorreu-me que se fosse capaz de quebrar meus ossos na altura do pulso, onde estavam presos, poderia ficar livre", relatou mais tarde. "Primeiro consegui deslocar o rádio e então, após alguns minutos, a ulna." Depois, com uma ferramenta multiuso comum, que vem com uma lanterna de quinze dólares, ele começou a serrar sua própria pele. A lâmina estava tão cega que "não cortaria nem os pêlos do meu braço", mas persisti na amputação. Mais tarde ele disse aos repórteres: "Gastei cerca de uma hora".[1]

Nem imagino os momentos daqueles sessenta minutos. Quase desmaio quando a enfermeira leva dez segundos para tirar meu sangue.

Ralston finalmente se viu livre da rocha. Agora ele enfrentaria o desafio de encontrar outras pessoas. Arrastou-se por uma ribanceira de cerca de 45 metros, desceu de rapel (com apenas uma das mãos, não se esqueça) um paredão de mais ou menos 18 metros, e então caminhou por aproximadamente dez metros. Só então correu em direção a alguns turistas holandeses que, sem dúvida, aproveitaram mais em relação ao dinheiro do que o agente de viagens poderia ter prometido. Ao falar sobre sua coragem, Ralston explicou o escape como uma "questão de pragmática".[2]

Pragmática, de fato. Em uma mão, a morte. Sem a outra mão, vida. Quando se deparou com a escolha, optou pela vida. Faríamos o mesmo?

De certa forma, fazemos tudo isso. A morte é o inimigo público número um. Use o cinto de segurança. Durma mais. Corra regularmente. Coma menos gordura. Mais proteína. Menos cafeína. Mais vegetais. Esquivar-se da sombra da morte domina nossos dias.

Mas nenhuma fuga é para sempre. Em relação à morte, As Escrituras apresentam alguns fatos severos.

> Um morre na força da sua plenitude, estando todo quieto e sossegado. Os seus baldes estão cheios de leite, e os seus ossos estão regados de tutanos. E outro morre, ao contrário, na amargura do seu coração, não havendo provado do bem. Juntamente jazem no pó, e os bichos os cobrem (Jó 21.23-26).

Eclesiastes 8.8 é igualmente enriquecedor. "Nenhum homem há que tenha domínio sobre o espírito, para reter o espírito; nem tem poder sobre o dia da morte; nem há armas nessa peleja; nem tampouco a impiedade livrará aos ímpios".

Isso nos preocupa. Somos sensíveis a algumas ordens acerca de nossa morte. Deus não poderia nos deixar escolher uma data para nossa partida? A maioria optaria pelo pacote de cem anos de vida com saúde seguidos por uma longa soneca da qual despertaríamos no céu.

Deus, no entanto, não nos encarregou dessa escolha. Por motivos não revelados, Ele cuida disso sem nossas opiniões. Porém, enquanto a data de nossa morte não é revelada, sua inevitabilidade é. "E, como aos homens está ordenado morrerem uma vez, vindo, depois disso, o juízo" (Hb 9.27).

O alpinista da montanha em Utah não foi o único que se viu entre a rocha e um lugar difícil. "Que homem há, que viva e não veja a morte? Ou que livre a sua alma do poder do mundo invisível?" (Sl 89.48) Você não encontrará um em seu espelho. Você, como todos os filhos de Deus, vive em um último suspiro de seu próprio funeral.

O que, da perspectiva de Deus, não é sofrimento. Ele responde a esses fatos de sepultura com uma grande notícia: "Melhor é... o dia da morte, do que o dia do nascimento de alguém" (Ec 7.1). Agora há uma guinada. O céu tem uma reação a funerais comum em maternidades. Os anjos assistem a sepultamentos da mesma forma que avós vigiam a porta da sala de parto. "Ele chegará daqui a pouco!" Eles mal podem esperar pela nova chegada. Enquanto estamos dirigindo o carro funerário e vestindo luto, eles estão pendurando fitas rosa e azul e comemorando. Não lamentamos quando bebês vêm ao mundo. As multidões celestiais não choram quando o deixamos.

Oh, mas muitos de nós choramos ao pensar na morte. Você chora? Você tem medo da morte? E esse medo tem roubado a alegria de sua vida? Isso é possível. E aconteceu com uma jovem chamada Florence. Aos trinta e sete anos. Ela contou a seus amigos que sua vida estava por um fio que poderia se romper a qualquer instante. Então ela foi para sua cama. E ficou lá. Por cinqüenta e três anos! Sua declaração de morte provou ser verdadeira. Ela de fato morreu... aos noventa anos.

Os médicos podem não encontrar nada errado. Aqueles que a examinaram deixaram a cabeceira de sua cama balançando a cabeça. Muitos a diagnosticaram como uma hipocondríaca sem esperança — com medo da morte, sempre com uma obsessão quanto a sua iminência. Exceto por três anos, Florence se curvou frente ao gigante da morte. Mas durante aqueles três anos no campo de batalha de Crimean, ela ficou conhecida não como uma sofredora, mas como uma amiga daqueles que sofriam. A enfermeira mais famosa da história, Florence Nightingale, viveu como uma escrava da morte.[3]

E você? Seu medo de morrer está roubando sua alegria de viver? Então beba da fonte! Afinal de contas, Jesus veio para livrar "todos os que, com medo da morte, estavam por toda a vida sujeitos à servidão" (Hb 2.15).

A morte ocupa um lugar na jurisdição dEle. Agentes funerários lhe prestam conta. "Foi para isto que morreu Cristo e tornou a viver; para ser Senhor tanto dos mortos como dos vivos" (Rm 14.9). Sua morte pode surpreendê-lo e entristecer os outros, mas o céu não conhece a morte prematura. "Os teus olhos viram o meu corpo ainda informe, e no teu livro todas estas coisas foram escritas, as quais iam sendo dia a dia formadas, quando nem ainda uma delas havia" (Sl 139.16).

Deus administra os dias da mesma maneira que um gerente de loja administra uma mudança. A todos que duvidam de seu poder, Jesus tem algumas palavras: "Lázaro, vem para fora!" (Jo 11.43)

Se as Escrituras tivessem uma lista de feitos famosos, Lázaro estaria perto do topo. Ele vivia em Betânia, uma aldeia tranqüila que localizada a um curto caminho de Jerusalém. Jesus esteve lá muitas vezes. Talvez gostasse da cozinha de Marta ou da devoção de Maria. Uma coisa é certa: Ele considerava Lázaro um amigo. A notícia da morte de Lázaro o impeliu a dizer: "Lázaro, o nosso amigo, dorme, mas vou despertá-lo do sono" (Jo 11.11).

E agora, quatro dias depois do funeral, Jesus o chama, literalmente: "Lázaro, vem para fora!" Que tal imaginarmos como estava Lázaro quando ouviu essas palavras? Lázaro com a felicidade do céu. Quatro dias em seus dias infinitos. Já estava fazendo amizade com outros salvos. O rei Davi lhe mostra as harpas. Moisés o convida para um chá com maná. Elias e Eliseu o levam dar uma volta na carruagem de fogo. Daniel prometeu lhe contar uma história bíblica. Ele está em seu caminho para ouvi-la quando uma voz ecoa na cidade celestial.

"Lázaro, vem para fora!"

Todos conhecem aquela voz. Ninguém perguntou quem era. Anjos pararam. Multidões de habitantes da cidade santa se voltam em direção ao menino de Betânia, e alguns dizem: "Parece que você vai voltar para continuar a jornada".

Lázaro não questiona o chamado. A compreensão perfeita vem com um passaporte celestial. Ele não faz objeções. Mas se tivesse feito, quem poderia criticá-lo? Seu corpo celestial não sabia o que é febre. Seu futuro não conhece o medo. Ele vive em uma cidade que é isenta de cadeados, prisões e remádios. Com a inexistência do pecado e da morte, pregadores, doutores e advogados estão livres para adorar. Alguém culparia Lázaro por dizer: "Tenho mesmo que voltar?"

Todavia, ele não pensa duas vezes na ordem. Nem qualquer outra pessoa o faria. Viagens de volta eram freqüentes nos últimos tempos. A filha de um líder da sinagoga. O menino de Naim. Agora Lázaro, de Betânia. Ele vai em direção à porta de saída, raramente usada. A mesma que, imagino, Jesus usou cerca de trinta anos terrenos atrás. Em um piscar de olhos, ele se une novamente ao seu corpo e desperta em cima de uma tábua fria em um túmulo de parede lavrada. A pedra na entrada foi movida, e Lázaro tenta fazer o mesmo. Enfaixado como uma múmia, com o corpo enrijecido, ele se senta e sai da tumba com a beleza de um monstro de Frankenstein.

As pessoas arregalam os olhos e se maravilham.

Nós lemos e talvez digamos: "Por que Jesus o deixou morrer apenas para chamá-lo de volta?"

Para mostrar quem está no controle. Para demonstrar a força inesgotável do Único que ficou face a face com a morte e declarou: "Você chama isso de morte? Chamo isso de escada rolante".

"Lázaro, vem para fora!"

Aquelas palavras, incidentalmente, foram apenas um aquecimento para o grande dia. Ele está preparando um esvaziamento mundial de sepulturas. "Joe, vem para fora!" "Maria, vem para fora!" "Giuseppe, vem para fora!" "Jacó, vem para fora!" Túmulo após túmulo ficarão vazios. O que aconteceu a Lázaro acontecerá conosco. Só que o reencontro de nosso espírito com nosso corpo ocorrerá no céu, e não no "Cemitério Memorial de Betânia".

> E, quando isto que é corruptível se revestir da incorruptibilidade, e isto que é mortal se revestir da imortalidade, então, cumprir-se-á a palavra que está escrita: Tragada foi a morte na vitória. Onde está, ó morte, o teu aguilhão? Onde está, ó inferno, a tua vitória? (1 Co 15.54,55)

Até então, aonde isso nos leva? Leva-nos a verificar nossa lista de amigos. Por Lázaro chamar Jesus de seu amigo, Jesus o chamou da sepultura.

Em relação à morte, você precisa de um amigo no lugar mais alto. Sem um, você está em um grande problema. "Morrendo o homem ímpio, perece a sua expectação, e a esperança da iniqüidade perde-se" (Pv 11.7). Esteja certo de que Jesus se refere a você com o mesmo apreço que tinha para com Lázaro. Prepare-se para a morte tornando-se amigo de Cristo. "Preciosa é à vista do Senhor a morte dos seus santos" (Sl 116.15).

O medo da morte acaba quando você sabe que o céu é o seu verdadeiro lar. Em todas as minhas viagens aéreas, nunca vi um passageiro chorar quando o avião aterrissa. Nunca. Ninguém se agarra ao braço da poltrona e implora: "Não me tire daqui. Não me tire daqui. Deixe-me ficar e comer mais amendoins". Ficamos ansiosos para sair porque o avião não tem um endereço permanente. Nem esse mundo. "Mas a nossa cidade está nos céus, donde também esperamos o Salvador, o Senhor Jesus Cristo" (Fp 3.20).

John Knox pôde relatar. Nascido em 1505, na Escócia, sua pregação regenerou uma sociedade. Ele inspirou o povo e desafiou os excessos do trono. Alguns o amavam, outros o desprezavam, mas a Escócia não o esqueceu. Até hoje você pode visitar sua casa em Edimburgo e ficar no quarto onde alguns acreditam que ele deu seu último suspiro.

Eis o que aconteceu. Seu cooperador Richard Bannatyne permaneceu ao lado de sua cama. A respiração de Knox se tornou difícil e lenta. Bannatyne se inclinou sobre o corpo de seu amigo. "O tempo de terminar sua batalha chegou. Você tem esperança?"— sussurrou.

A resposta do velho reformista veio em forma de um dedo. Ele levantou um dedo e apontou para cima e morre, inspirando um poeta a escrever:

> ... o anjo da morte o deixou, no momento em que os laços terrenos foram cortados, o dedo frio, rígido, endurecido ainda apontava para o céu.[4]

Que a sua morte possa encontrá-lo apontando na mesma direção. Por que você não faz isso: dê sua morte a Deus. Imagine seu último suspiro, visualize seus minutos finais e os ofereça ao Senhor. Deliberadamente. Regularmente. "Senhor, eu recebo sua obra na cruz e em sua ressurreição. Confio a ti minha partida dessa terra". Com Cristo como seu amigo e o céu como seu lar, o dia de morrer se torna tão agradável quanto o dia do nascimento.

5
Com o Coração Rumo ao Lar

Procure por Carinette entre os rostos do orfanato Cap Haitian. Observe as cinqüenta e sete crianças — de pele negra, com olhos brilhantes, cabelos encaracolados, divertidas e amorosas — exclusivamente em busca de uma menina de sete anos de idade. Ela não parece ser diferente das outras. Come o mesmo arroz com feijão. Brinca no mesmo pátio sem grama. Dorme sob o mesmo teto que as outras meninas, ouvindo a mesma chuva que cai quase todas as noites no Haiti. Mas embora pareça a mesma, não se engane. Ela vive em um mundo diferente — um mundo chamado "futuro lar".

Vê a menina magrinha de blusa rosa? A menina com o nariz arrebitado e cabelo preso, e com uma porção de fotos. Peça para vê-las. Carinette deixará. Não peça; ela lhe mostrará de qualquer forma. As fotos contêm imagens de sua futura família. Ela foi adotada.

Seus pais adotivos são meus amigos. Eles lhe deram fotos, um urso de pelúcia, barras de cereais e biscoitos. Carinette compartilhou suas guloseimas e pediu ao diretor para guardar seu urso, porém ela guarda as fotos. Elas lhe fazem se lembrar de seu futuro lar. Dentro de um ou dois meses, no máximo, ela estará lá. Ela sabe que o dia está chegando. Cada vez que abre o portão, seu coração acelera. A qualquer dia seu pai aparecerá. Ele prometeu que voltaria. Veio uma vez para reivindicá-la. Virá outra vez para levá-la ao lar.

Desde então ela vive com um coração rumo ao lar.

Não deveríamos todos agir assim? A situação de Carinette reflete a nossa. Nosso Pai nos fez uma visita também. Não fomos reivindicados? Adotados? "Por que não recebestes o espírito de escravidão, para, outra vez, estardes em temor, mas recebestes o espírito de adoção de filhos, pelo qual clamamos: Aba, Pai" (Rm 8.15).

Deus procurou você? Antes que você soubesse que precisava ser adotado, Ele já havia preenchido os formulários e escolhido o papel de parede para o seu quarto. "Por que os que dantes conheceu, também os predestinou para serem conformes à imagem de seu Filho, a fim de que ele seja o primogênito entre muitos irmãos" (Rm 8.29).

Abandonar você órfão neste mundo? De jeito nenhum. Além do mais, Ele pagou todas as despesas com a adoção. Nem você nem Carinette podem pagar sua saída do orfanato, então "Deus enviou seu Filho, nascido de mulher, nascido sob a lei, para remir os que estavam debaixo da lei, a fim de recebermos a adoção de filhos" (Gl 4.4,5).

Não financiamos nossa adoção, mas a aceitamos. Carinette poderia dizer aos futuros pais para mudarem de idéia. Contudo, não o fez. Da mesma forma, você poderia dizer a Deus para mudar de idéia. Mas não ousaria, certo? A partir do momento que aceitamos sua oferta, passamos de órfãos a herdeiros.

"Herdeiros de Deus e co-herdeiros de Cristo" (Rm 8.17). Herdeiros! O céu não conhece enteados ou netos. Você e Cristo partilham o mesmo testamento. A herança dEle também é sua. Você está indo rumo ao lar.

Oh, nos esquecemos de algo. Não estamos acostumados a beliches duros e pratos de alumínio? Raramente olhávamos sobre a grade para observar o mundo que há de vir. E quanto tempo faz que você mostrou suas fotos a alguém? Pedro está falando com você quando alerta: "Amados, peço-vos, como a peregrinos e forasteiros, que vos abstenhais das concupiscências carnais, que combatem contra a alma" (1 Pe 2.11).

Adotados, mas não transportados. Temos uma nova família, mas não o nosso lar celestial. Sabemos o nome do nosso Pai, mas não vimos sua face. Ele nos reivindicou, mas ainda não veio até nós.

Então aqui estamos, entre o que é e o que será. Não mais órfãos, mas ainda sem lar. O que fazemos nesse intervalo de tempo? Na verdade, pode ser exatamente isso — um intervalo. Um período intermediário de quimioterapia, motoristas dirigindo com mais cerveja do que juízo em seu corpo e criminosos que tornam a vida na terra semelhante a um passeio no Afeganistão. Como mantemos nosso coração rumo ao lar? Paulo apresenta algumas sugestões.

> E não só ela, mas nós mesmos, que temos as primícias do Espírito, também gememos em nós mesmos, esperando a adoção, a saber, a redenção do nosso corpo. Porque, em esperança, somos salvos. Ora, a esperança que se vê não é esperança; porque o que alguém vê, como o esperará? Mas, se esperamos o que não vemos, com paciência o esperamos (Rm 8.23-25).

Paulo chama o Espírito Santo de primícias, como se Ele fosse um antegozo da glória futura. "... temos as primícias do Espírito" (v. 23). Ninguém com um apetite saudável precisa de uma definição para essa palavra. Enquanto faço o esboço deste capítulo, minha mente flutua em direção a alguns aperitivos. Em uma hora estarei na cozinha de Denalyn farejando as guarnições do jantar como um labrador fareja uma caça. Quando ela não estiver olhando, vou pegar um pouquinho para provar. Só um pedaço de peru, uma colher de pimenta, uma fatia de pão... petiscos antes do jantar aumentam o apetite para a mesa.

Amostras da cozinha do céu fazem o mesmo. Há momentos, talvez bem poucos, quando o tempo se evapora, a alegria se ajusta e o céu lhe dá um prato de entrada antes do jantar.

- Seu recém-nascido passa da inquietação para o descanso. Sob a luz da lua à meia-noite, você delineia suavemente com seu dedo os pequeninos olhos adormecidos e se pergunta: *Deus me deu você!* Um antegozo da despensa do céu.

- Você está perdido no trabalho que gosta muito de fazer. Você foi feito para ele. Quando recua diante da tela úmida ou do jardim capinado ou do motor de 16 válvulas reconstruído, a satisfação flui em seu interior como um gole de água gelada, e o anjo pergunta: "Mais um aperitivo?"

- A letra do hino diz o que você não podia, mas desejava, e por um momento, um esplêndido momento, não há guerras, feridas ou declarações de renda. Só você, Deus, e uma confiança silenciosa de que tudo está certo com o mundo.

Em vez de rejeitar ou desprezar tais momentos como boa sorte, aprecie-os. Eles podem sintonizá-lo com o céu. Assim como os momentos difíceis. Embora tenhamos "as primícias do Espírito, também gememos em nós mesmos, esperando a adoção, a saber, a redenção do nosso corpo" (v. 23).

Você imagina os gemidos de Carinette? Os órfãos têm essa tendência. A vida deles é solitária. Ao verem uma criança com mãe e pai, eles gemem. Vêem uma casa e pensam em seu beliche; e gemem. Quando quiserem saber o que aconteceu com seus pais biológicos, eles gemerão. É claro.

Todavia, os gemidos de Carinette podem ser contados. Cada refeição no refeitório a aproximam da comida caseira, e cada noite no dormitório a traz para mais perto de seu próprio quarto. E cada vez que anseia chamar alguém de mãe, recorda-se que logo poderá fazê-lo.

Seus conflitos se agitam por saudades de casa. Deixe seu corpo com bursite lembrar-lhe de seu corpo eternal; deixe os dias movidos a drogas inspirarem pensamentos de uma paz inesgotável. Você foi acusado falsamente? Está acostumado com o abuso? Difamações fazem parte desta vida, mas não da próxima. Em vez de ter inveja dos problemas da vida, ouça-lhes.

Alguns momentos são tão terríveis que nada mais funcionará. Poucos anos atrás, um artigo da revista *Time* levou os leitores ao mundo repulsivo das crianças vítimas de abuso. Encontramos Antwan, de dez anos, preso como uma marionete a brigas na vizinhança e traficantes de drogas. Eles exigiam sua presença. Ele temia o castigo. Quando a polícia aparecia, os desordeiros escondiam as drogas nas meias dele, pensando que o menino não seria procurado. Antwan conhecia a polícia melhor do que a seus professores do colégio. Que esperança um menino como

Antwan tem? O escritor nos levou a seu bagunçado apartamento. Sua mãe tinha uma lâmpada. Quando saiu da cozinha, ela carregou a lâmpada solitária até a sala. Ao instalá-la, o brilho fraco iluminou um quadro na parede onde se via um menino negro chorando. A legenda na parte inferior dizia: "E Deus limpará de seus olhos toda lágrima, e não haverá mais morte, nem pranto, nem clamor, nem dor, porque já as primeiras coisas são passadas" (Ap 21.4).[1]

Veja os sinais de esperança nessa promessa. Não lamente o tempo que se passou; aplauda-o. Quanto mais você bebe da fonte de Deus, mais deseja que chegue a hora. Cada batida do ponteiro dos segundos deixa você mais perto da adoção completa. Como Paulo escreve, nós "também gememos em nós mesmos, esperando a adoção, a saber, a redenção do nosso corpo" (Rm 8.23).

Minhas filhas há muito tempo pararam de fazer isso, mas costumavam comemorar minha chegada diariamente. Jenna estava com cinco anos, e Andréa, com três. Denalyn as avisava, e elas corriam para a janela, pressionando o nariz e as mãos contra a alta vidraça na porta da frente. Ao entrar na garagem, eu iria vê-las: Andrea e Jenna, um pouco mais alta que sua irmã, se espremiam na moldura. Quando me viam, elas gritavam. Meu Deus, como elas pulavam e batiam palmas. Você pensaria que alguém havia trocado seus confeitos de chocolate por grãos de café. Nenhum dos césares se sentiu mais bem recebido. Quando eu abria a porta, elas agarravam meus joelhos e inundavam a entrada com um tsunami de alegria.

O pai delas estava em casa.

Também faz tempo que busquei a Deus dessa maneira. Também é raro ouvir um trovão e dizer: *É Deus?* Não deixo passar um dia, ou mesmo dois, sem olhar para o céu. Vamos fazer melhor. "Pensai nas coisas que são de cima e não nas que são da terra" (Cl 3.2). E quanto a mergulhos regulares na fonte da volta de Deus? Você não sabe que o lar futuro de Carinette predominava em seus pensamentos? As fotos, o urso de pelúcia — ela consegue olhar para eles e não pensar no lar?

Bênçãos e responsabilidades. Ambos podem nos despertar do sono. Os presentes intensificam a saudade do lar. As lutas também. Cada dia fora de casa nos aproxima do dia em que nosso Pai virá.

Parte 2

Descanse em sua Força

6
Esperança para a Cidade Fatigada

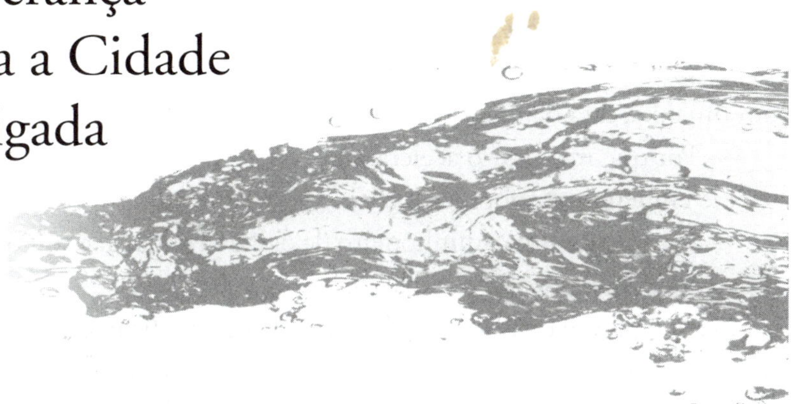

Vá em direção ao norte da aldeia Estresse, dirija alguns quilômetros ao leste da Vila da Preocupação, siga a direita na bifurcação que leva ao Vale Abatido e você se encontrará na entrada das ruas cansativas da cidade Fatigada.

Seus habitantes vivem de acordo com seu nome. Eles se movem com dificuldade como mulas de carga subindo ao pico de uma montanha. Olhos caídos. Rostos tristes. Ombros curvados. Peça-lhes para explicar seu comportamento preguiçoso, e eles apontam para seus carros. "Você também ficaria cansado se tivesse de empurrar um desses."

Para minha surpresa, é isso que eles fazem! Ombros pressionando, pés trabalhando arduamente, pulmões ofegantes, eles empurram os automóveis com força, para cima e para baixo nas ruas. Em vez de se sentarem atrás do volante, eles se apoiavam no porta-malas.

Esta cena lhe deixa confuso. O som paralisa você. Será que está mesmo ouvindo isso? Motores funcionando. Moradores da cidade Fatigada giram a chave, dão a partida no carro, colocam em ponto morto e empurram!

Você tem de perguntar o porquê a alguém. Uma jovem mãe transporta sua van no estacionamento da mercearia.

— Já pensou em utilizar o combustível? — você questiona.

— Já — ela responde, limpando o suor. —Uso o combustível para dar a partida no carro; depois, eu assumo.

Uma resposta bizarra. Porém, não mais bizarra do que a resposta de um rapaz sem fôlego apoiado em seu caminhão, ofegante como um maratonista com excesso de peso.

— Você empurrou esse caminhão? — você pergunta.

— Sim — ele fala quase sem conseguir respirar, tapando a boca com uma máscara de oxigênio.

— Por que não usar o acelerador?

Ele ergueu uma sobrancelha.

— Porque sou um caminhoneiro da cidade Fatigada, e somos fortes o bastante para fazer nosso trabalho.

Ele não parece forte a seus olhos, mas você não diz nada. Apenas vai embora se questionando. *Que tipo de pessoas são essas? Uma alavanca deixa de ser utilizada, e eles ignoram. Quem viveria assim?*

Paulo fez uma pergunta semelhante à igreja da Galácia. "Sois vós tão insensatos que, tendo começado pelo Espírito, acabeis agora pela carne?" (Gl 3.3) Deus é nada mais que um fio condutor? A energia que dá a partida no motor, e nada mais?

Os cristãos coríntios empurraram alguns carros também. O apóstolo os chamou de carnais (1 Co 3.3). O que você está dizendo, Paulo? Eles são salvos? Sim. Ele se dirige a eles como "irmãos" (1 Co 3.1). Ele os considerava filhos de Deus. Destinados ao céu. Salvos, mas não espirituais. "E eu, irmãos, não vos pude falar como a espirituais, mas como a carnais, como a meninos em Cristo... porque ainda sois carnais, pois, havendo entre vós inveja, contendas e dissensões, não sois, porventura, carnais e não andais segundo os homens?" (1 Co 3.1,3)

Eu costumava pensar que havia dois tipos de pessoas: as salvas e as não-salvas. Paulo me corrigiu ao descrever um terceiro tipo: os *salvos, porém carnais*. Uma pessoa espiritual é dependente do Espírito, é dirigida e controlada por Ele. É alguém que anda no Espírito (Gl 5.16). Ao contrário, a pessoa que não é espiritual, infelizmente, age "segundo os homens" (1 Co 3.3). Na linguagem, no estilo de vida, prioridades e personalidade, elas são semelhantes aos não-cristãos. Elas permitiram que Deus as salvasse, mas não que as transformasse.

Paulo ficou decepcionado com esse cristianismo carnal. "Sois vós tão insensatos que, tendo começado pelo Espírito, acabeis agora pela carne?" (Gl 3.3)

Insensatos. Você não quer seguir os cristãos carnais. Eles não têm palavras amáveis para compartilhar. Há inveja, contendas e dissensões entre eles (1 Co 3.3). A única alegria que conhecem graduou-se no colégio no ano passado. E gratidão? Gratidão pelo quê? Pela caminhonete que diariamente tem de ser empurrada ladeira acima? O salvo carnal vê a salvação da maneira que um fazendeiro vê um hectare de terra não-cultivada — muito trabalho a fazer. *Comparecer à igreja, resistir ao pecado — não é o suficiente?* Não se admire se eles estiverem cansados. Não se surpreenda se eles discutirem. "... havendo entre vós inveja, contendas e dissensões, não sois, porventura, carnais e não andais segundo os homens?" (1 Co 3.3)

Palavras ríspidas

Dias sem alegria

Relacionamentos contenciosos

Corações sedentos

Quem deseja morar na cidade Fatigada? Quem quer se mudar para lá? Nada afasta os não-cristãos mais do que cristãos tristes. Ninguém quer um caminhão de graça se tiver de empurrá-lo. Seu vizinho não quer. Você não quer. E Deus não deseja isso a qualquer um de nós. Ele nunca pretendeu que você perambulasse por sua vida.

A palavra dEle aos cristãos fatigados? "Como, pois, recebestes o Senhor Jesus Cristo, assim também andai nele" (Cl 2.6).

Como alguém recebe a Cristo? Vindo sedento e bebendo profundamente. Como, então, alguém vive em Cristo? Vindo sedento e bebendo profundamente.

Quando você faz isso, o poder salvador torna-se o poder que nos faz permanecer. "Tendo por certo isto mesmo: que aquele que em vós começou a boa obra a aperfeiçoará até ao Dia de Jesus Cristo" (Fp 1.6).

Cristo não lhe deu um carro para que você empurrasse. Ele não lhe deu um carro para você dirigir. Sabe o que Ele fez? Ele abriu a porta do carona, convidou-o para se sentar e disse-lhe: "Prepare-se para a aventura da sua vida".

Quando Cristo entra nas "cidades Fatigadas" do mundo, fica no cruzamento da avenida Esgotada com a rua Exausta e clama: "Se alguém tem sede, que venha a mim e beba. Quem crê em mim, como diz a Escritura, rios de água viva correrão do seu ventre. E isso disse ele do Espírito, que haviam de receber os que nele cressem..." (Jo 7.37-39).

"Venha a mim!" Não "venha à minha igreja" ou "venha ao meu sistema", mas "venha a mim!"

Venha mim e beba. Não tomar uns golinhos. Não apenas experimente. É hora de beber com vontade. Gargantas sedentas engolem água. Almas sedentas engolem Cristo. As notas de rodapé da Bíblia New American Standard afirmam: "Continuem vindo a mim e... continuem bebendo". Encher de uma vez anualmente ou ingestões mensais não funcionarão. Você está caminhando no Vale da Morte, e aquela miragem que você vê não é uma miragem, mas, na verdade, o rio que você precisa. Mergulhe e beba.

E ao fazer isso, veja o que acontece: "rios de água viva correrão do seu ventre" (Jo 7.38). A palavra para *rios* pode ser traduzida como *corrente de água*. Temos visto tempestades torrenciais o suficiente para carregar casas. Os noticiários transmitem várias vezes a imagem de uma casa flutuando rio abaixo. Que força é essa que pode fazer uma casa carregar?

Um menor do que o poder que carrega você. "E isso disse ele do Espírito, que haviam de receber os que nele cressem" (Jo 7.39). O Espírito de Deus. A poderosa, invisível e inegável presença de Deus pulsando em suas artérias. Uma "fonte de água a jorrar para a vida eterna" (Jo 4.14).

O Espírito de Deus age em seu interior. Não importa se você pode senti-lo ou não. Sua compreensão acerca dEle é insignificante. Jesus disse: "... rios de água viva correrão do seu ventre" (Jo 7.38). Não "podem correr", "poderiam correr" ou "espera-se que corram". Mas "correrão".

Se este é o caso, Max, então explique meu cansaço e minha irritabilidade. Se o Espírito de Deus habita em mim, por que não consigo tolerar minha mãe, controlar meu temperamento ou me perdoar? Estou tão cansado...

Deus responde a essa questão através de Paulo: "enchei-vos do Espírito" (Ef 5.18). Com o mesmo imperativo com que instrui "perdoe", "ore" e "fale a verdade", Deus ordena: "enchei-vos".

Paulo não só dá uma ordem; ele dá um comando contínuo, coletivo. Contínuo no sentido de que nos enchermos é um privilégio diário. Coletivo porque o convite é oferecido a todas as pessoas. Jovens, idosos, empregados, empresários, cristãos antigos e novos convertidos. O Espírito encherá a todos. Não é exigido um Teste de Aptidão Espiritual. Você não precisa convencer ninguém a entrar; Ele já o fez. É melhor colocar mais um prato na mesa para o jantar. Você tem companhia. Seu corpo é o templo do Espírito Santo, que habita em você (1 Co 6.19). Como cristão, você tem toda a força de que precisa para resolver todos os seus problemas.

A verdadeira questão não é: "Como ter mais do Espírito?", mas, sim: "Como você, Espírito, pode ter mais de mim?" Esperaríamos uma resposta grandiosa a essa pergunta. Construa um orfanato. Memorize o livro de Levítico. Dê banho em leprosos. Mantenha-se atento enquanto lê os livros de Max Lucado. *Faça isso e seja cheio*, pensamos.

"Faça isso sozinho e fique exausto", Deus nos corrige. Você deseja ter o Espírito de Deus? Aqui está o que precisa fazer. Peça. "Porque qualquer que pede recebe... Pois, se vós, sendo maus, sabeis dar boas dádivas aos vossos filhos, quanto mais dará o Pai celestial o Espírito Santo àqueles que lho pedirem?" (Lc 11.10,13).

O Espírito nos enche quando as orações fluem. Deseja ser cheio dessa força? É claro que sim. Então ore: "Senhor, eu recebo tua força. Capacitado pelo teu Espírito Santo, posso todas as coisas em Cristo, que me fortalece". Receba o Espírito em todos os cômodos do seu coração.

Fiz algo parecido com a ventilação do meu ar-condicionado. Enquanto estudo na sala de jantar, o ar frio me cerca. Do lado de fora, a calçada está quente como um forno. Porém, estou tão frio quanto o outro lado da sala. Por quê? Duas razões. Um compressor está instalado perto da casa. Não o construí nem o instalei. Veio com a hipoteca. A casa é fria graças a um bom compressor.

No entanto, igual crédito tem as saídas de ar abertas. Não instalei o "fornecedor de ar", mas abri os "bloqueadores de ar". O ar frio enche a casa porque as saídas de ar estão abertas. Fui de cômodo em cômodo, abaixando as alavancas para liberar a passagem do ar. O Espírito Santo encherá sua vida à medida que você fizer o mesmo: quando você, cômodo por cômodo, convidá-lo a fluir.

Experimente: antes de ir se deitar, acompanhe o Espírito Santo em cada cômodo de sua casa. Antes que seus pés toquem o chão, abra cada saída de ar. Deixou a raiva em um quarto? Contas sem pagar em uma mesa? Conflitos em um escritório? Precisa de um pouco de ar no sótão ou circulação no corredor? Convide-o a encher cada espaço de sua vida. Então, depois de saudá-lo bem-vindo em todo o seu coração, vá até a garagem, assuma o lugar do passageiro, aperte o cinto e agradeça ao seu Motorista por você não viver mais na cidade Fatigada.

7
Esperando o Poder

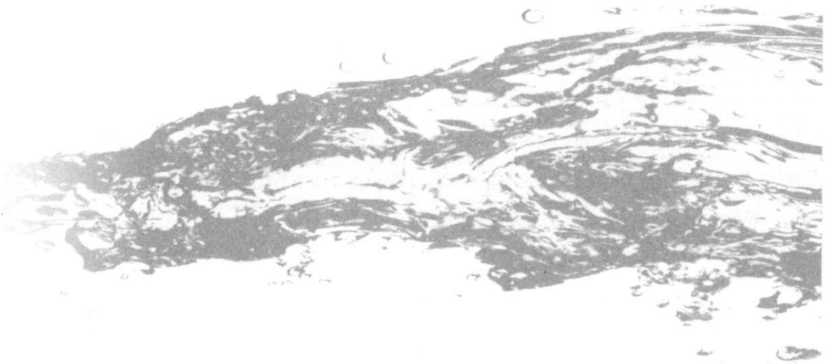

Como um pouco de grama no canteiro de rosas de Mateus está essa revelação: "E os onze discípulos partiram para a Galiléia, para o monte que Jesus lhes havia designado. E quando o viram, o adoraram; *mas alguns duvidaram*" (Mt 28.16,17, ênfase minha). Três anos de milagres não foram suficientes. Nem os quarenta dias no "Centro de Retiro Ressurreição". Eles o viram esvaziar túmulos e dar ordens ao vento, mas ainda duvidavam.

Você deve estar brincando. Quem o conhecia melhor do que eles? Faça-lhes uma pergunta sobre Cristo. Vá em frente. Qualquer uma. Ele assobiava enquanto caminhava? Orava antes de comer? Falava com tempestades enquanto dormia? E, se o fazia, as tempestades o ouviam? Eles sabem. Eles conhecem a pessoa de Cristo.

E como eles podiam falar da paixão de Cristo! João estremeceu quando o martelo ressoou. Maria chorava enquanto seu Filho gemia. Perto o suficiente para ficarem salpicados por seu sangue; eles conheciam sua paixão. Quando chegou a hora de preparar o corpo para o sepultamento, eles o fizeram.

E quando chegou a hora de ver o túmulo vazio, eles o viram também. Pedro passa o dedo pela placa de pedra. Tomé observa as mãos perfuradas de Cristo. E por quarenta dias Jesus os ensinou.

Quarenta dias! Você consegue imaginar um seminário de seis semanas com o Mestre ressuscitado? "Conte-nos outra vez, Jesus. Conte-nos como você subjugou o inferno."

Mãos treinadas por Cristo. Testemunhas dos momentos críticos da história. Esses homens estão prontos, não estão? Aparentemente, não. "Alguns duvidaram."

Os questionamentos continuam zunindo como uma mosca. Mesmo depois de várias conversas em volta da fogueira e um álbum de recortes cheio de momentos de fazer cair o queixo, alguns discípulos resistiam. *Ainda não tenho certeza.*

O que Jesus lhes fará? Gostaríamos de saber, não é? De verdade. *Ainda* está à espreita em nossas frases também.

"Ainda estou preocupado."

"Ainda faço fofocas."

"Uma camada de gelo permanente ainda esfria meu casamento."

"Ainda estou dividido entre a reunião dos Alcoólicos Anônimos e o bar da esquina."

"Ainda cerro os dentes toda vez que recebo um telefonema daquele meu ex-namorado cheio de caspa."

Encontramos um estranho conforto nas dúvidas hesitantes dos discípulos. Porque ainda temos as nossas próprias dúvidas. E então perguntamos: *Cristo tem uma palavra para quem hesita junto às dúvidas?*

O "sim"dEle ecoa. E você ficará surpreso com a orientação dEle. O que lhes disse, também diz a nós. "E, estando com eles, determinou-lhes que não se ausentassem de Jerusalém, mas que esperassem a promessa do Pai, que (disse ele) de mim ouvistes" (At 1.4).

As palavras de Jesus aos discípulos duvidosos? "Esperem." Antes de sair, permaneça. Antes de dar um passo adiante, sente-se. "Ficai, porém, na cidade de Jerusalém, até que do alto sejais revestidos de poder" (Lc 24.49).

Assim eles fizeram. "E, entrando, subiram ao cenáculo, onde habitavam... [e] perseveravam unanimemente em oração e súplicas, com as mulheres, e Maria, mãe de Jesus, e com seus irmãos" (At 1.13,14).

Eles tinham motivos para sair. Tinham negócios para cuidar ou terras para cultivar. Além disso, os mesmos soldados que mataram a Cristo ainda estavam pelas ruas de Jerusalém. Os discípulos tinham fortes razões para sair... mas não o fizeram. Eles ficaram. E ficaram juntos.

Eles "perseveravam unanimemente". As 120 almas se amontoavam na mesma casa. Quantos conflitos em potencial existiam entre esse grupo? Pode-se dizer que era um pequeno barril de pólvora. Natanael poderia olhar Pedro com raiva por ele ter negado a Jesus perto do fogo. E então novamente. Ele poderia se ressentir dos outros por terem fugido. Bem como as mulheres. Algumas fiéis que permaneceram perto da cruz dividiam o lugar com homens covardes que fugiram da cruz. O local é propício para o conflito. Maria poderia exigir um tratamento especial. Os irmãos de sangue de Jesus estavam ali. Uma vez eles haviam tentado prender a Cristo. Quem diria que não iriam prender os seguidores dEle? E as mulheres? Essa não era uma reunião para homens? Quem deixou as mulheres entrarem? Amargura, arrogância, desconfiança, chauvinismo — a sala é uma caixa de combustível para acender a todos. Mas ninguém acende um fósforo. Eles ficam juntos, e, acima de tudo, oram juntos.

"Todos eles se reuniam *sempre* em oração" (At 1.14 – NVI). Marcos usa a mesma palavra grega traduzida por "sempre" para descrever um barco flutuando sobre as águas, à espera de Jesus. O Mestre, falando na praia da Galiléia, disse aos discípulos para preparar um barco e esperar (Mc 3.9). O barco estava "sempre" na presença de Cristo. Assim estavam os discípulos no cenáculo. Um dia se passa. Então dois. Então uma semana. Parece que mais cem virão e se passarão. Mas eles não saem. Eles persistem na presença de Cristo. Então, dez dias depois:

> Cumprindo-se o dia de Pentecostes, estavam todos reunidos no mesmo lugar; e, de repente, veio d céu um som, como de um vento veemente e impetuoso, e encheu toda a casa em que estavam assentados. E foram vistas por eles línguas repartidas como que de fogo, as quais pousaram sobre cada um deles. E todos foram cheios do Espírito Santo (At 2.1-4a).

Duvidosos tornaram-se profetas. Pedro pregou, e pessoas vieram, e Deus abriu as comportas sobre o maior movimento na história. Isso começou porque os seguidores estavam dispostos a fazer uma coisa: esperar no lugar certo pelo poder.

Somos relutantes demais para agir como eles. Quem tem tempo para esperar? Suspiramos ao pensar em tal idéia. Mas esperar não significa inatividade. Esperar quer dizer estar atento a Ele. Se você está esperando em um ponto de ônibus, está prestando atenção ao ônibus. Se está esperando em Deus, está atento a Ele, buscando a Ele, colocando sua esperança nEle. Grandes promessas vêm aos que assim o fazem. "Mas os que esperam no Senhor renovarão as suas forças e subirão com asas como águias; correrão e não se cansarão; caminharão e não se fatigarão" (Is 40.31).

Àqueles que ainda batalham, Deus diz: "Espere em mim". E espere no,lugar certo. Jesus não nos diz para ficarmos em Jerusalém, mas nos diz para permanecermos honestos, fiéis e verdadeiros. "Mas, se não derdes ouvidos à voz do Senhor, mas, antes, fordes rebeldes ao dito do Senhor, a mão do Senhor será contra vós, como era contra vossos pais" (1 Sm 12.15). Você está enchendo seus bolsos ilegalmente? Está entregando seu corpo a alguém que não partilha seu nome e não usa sua aliança? Sua boca é um grande rio de fofocas? Se você, de propósito, está no ponto de ônibus da desobediência, precisa saber de uma coisa — o ônibus de Deus não pára ali. Vá para o lugar da obediência. "E nós somos testemunhas acerca destas palavras, nós e também o Espírito Santo, que Deus deu àqueles que lhe obedecem" (At 5.32).

Enquanto você está esperando no lugar certo, tenha um bom relacionamento com as pessoas. O Espírito Santo ungiria discípulos em contenda? Segundo Pedro, a falta de harmonia obstrui as orações. Ele diz aos maridos: "... coabitai com [a mulher] com entendimento... para que não sejam impedidas as vossas orações" (1 Pe 3.7). Esperar em Deus significa superar conflitos, perdoar ofensas, solucionar disputas. "Procurando guardar a unidade do Espírito pelo vínculo da paz" (Ef 4.3).

Alguns anos atrás, nossa família possuía uma cama elástica no quintal. Em uma tarde de sábado, vi nossas três meninas saltando sobre ela. Minhas filhas, como todas as irmãs e irmãos, sem sempre se relacionam bem. Mas, por alguma razão, naquela tarde elas eram grandes admiradoras umas das outras. Quando uma pulava, as outras duas aplaudiam. Se uma caía, as outras duas a ajudavam a se levantar. Meu peito se encheu de orgulho. Depois de alguns momentos, sabe o que eu fiz? Unime a elas. Não consegui resistir. A aliança delas me agradava. Nossa aliança agrada a Cristo. Jesus prometeu: "Porque onde estiverem dois ou três reunidos em meu nome, aí estou eu no meio deles" (Mt 18.20).

Deseja poder para a sua vida? Ele virá quando você orar. Por dez dias os discípulos oraram. Dez dias de oração mais alguns minutos de pregação levaram à salvação de três mil almas. Talvez estejamos invertendo os números. Estamos dispostos a orar por alguns minutos e pregar por dez dias. Não os apóstolos. Como o barco esperando por Cristo, eles ficaram em sua presença. Nunca deixaram o lugar da oração.

Escritores da Bíblia falaram com freqüência desse lugar. Os cristãos primitivos foram incentivados a:

- orar sem cessar (1 Ts 5.17);
- perseverar na oração (Rm 12.12);
- orar em todo tempo (Ef 6.18).

Lembra-se do verbo *perseverar*, que descrevia a atitude dos apóstolos no cenáculo quanto à oração? Também se aplica às nossas orações: "Perseverai em oração, velando nela com ação de graças" (Cl 4.2).

Difícil de suportar? Você está se questionando: *Meus negócios precisam de atenção, meus filhos precisam jantar, minhas contas precisam ser pagas. Como posso ficar em um lugar de oração?* A oração incessante pode parecer complicada, mas não tem de ser assim.

Faça isso. Mude sua definição de oração. Pense menos na oração como uma atividade para Deus e mais como um contato com Deus. Procure viver em constante relação com Ele. Reconheça sua presença onde quer que você vá. Enquanto estiver na fila para abastecer seu carro, pense: *Obrigado, Senhor, por estar aqui.* Durante as compras na mercearia: *Sua presença, meu Rei, é bem-vinda.* Ao lavar a louça, exalte ao seu Criador. O irmão Lawrence fez isso. Esse conhecido cristão chamava a si mesmo de "senhor dos potes e panelas". Em seu livro *The Practice of the Presence of God*, ele escreveu:

> Para mim, a hora do trabalho não é diferente do momento da oração; e no barulho e algazarra de minha cozinha, enquanto várias pessoas estão falando ao mesmo tempo acerca de assuntos diversos, sinto a presença de Deus em mim com tanta tranqüilidade quanto se estivesse orando ajoelhado.[1]

Embora um novato na Liga da Oração Incessante, certamente já desfruto os benefícios dessa busca. Descobri a força de manter duas conversas: com uma pessoa e outra com a Pessoa. É possível, de uma vez, ouvir e pedir. Enquanto uma pessoa expõe seu problema, com freqüência oro silenciosamente: *Deus, um pouco de ajuda aqui, por favor.* Ele sempre concede. Também descobri o prazer de beber regularmente de sua água fresca. Ao longo do dia, meus pensamentos são marcados com frases: *Guia-me, querido Pai. Perdoe aquele pensamento, por favor. Proteja minhas filhas.*

Uma última reflexão. O cenáculo estava ocupado por 120 discípulos. Como havia cerca de quatro milhões de pessoas na Palestina naquela época, significa que menos de 1 em 30.000 era um cristão.[2] Mas veja os frutos do trabalho deles. Melhor dizendo, veja o fruto do Espírito de Deus neles. Apenas me pergunto o que aconteceria hoje se nós, que *ainda* lutamos, fizéssemos o que eles fizeram: esperássemos no Senhor no lugar certo.

8
A Luva de Deus

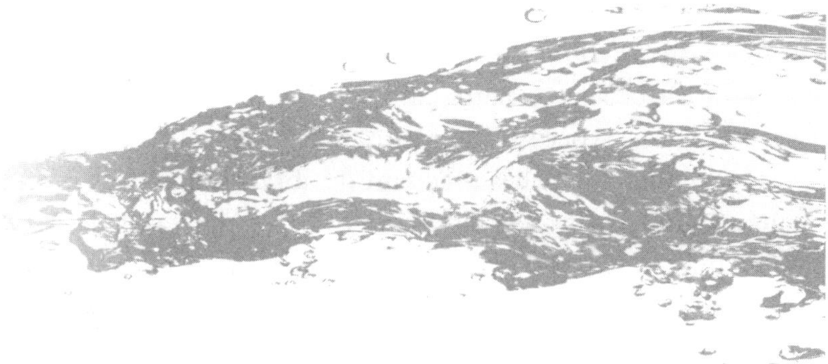

Você tem muito orgulho das novas luvas que acabou de comprar. O velho par que você tinha estava gasto e puído, sem defesa contra o inverno. Então você foi a várias lojas até encontrar o par adequado. Quantas você observou? Dúzias. E quantas você experimentou? Quase o mesmo número! Além disso, de que servem as luvas se você não gosta delas ou se o tamanho não for apropriado?

Ah, mas então você encontrou essas. A vendedora lhe fez um favor. Ela pegou embaixo do balcão um par ainda embrulhado em um plástico. Você pagou o preço e saiu da loja, abrindo o pacote. E agora, caminhando pela avenida em uma fria manhã, você se prepara para colocar suas luvas recém-compradas.

Você anda pela calçada, abre o plástico e coloca sua mão no calor da lã, e é impedido. Você não consegue colocar seus dedos no lugar onde deveria! As cinco entradas foram costuradas juntas. Defeito de fábrica? Descuido da loja? Quem sabe? Uma coisa é certa: seus dedos não se ajustam à luva. Uma mão fechada sim, mas uma mão estendida não.

Sem problemas, você diz a si mesmo. *Vou dar um jeito*. Você cerra os punhos e coloca a luva, seus dedos dobrados, os dedos da luva caídos. Não era exatamente o que você tinha em mente, mas como está aquecendo, você não reclama. Dedos dobrados ficam bem e aconchegantes. O enregelamento não é preocupação.

No entanto, a prática é. Já tentou segurar o jornal com os dedos dobrados dentro de uma luva? Não é fácil. Assim como calçar os sapatos. Suas mãos se sentem como patas de cavalo. Acene para alguém, e a pessoa acha que você está acenando com o punho. E nem pense em pegar um lápis ou discar o celular. A lã frouxa não tem controle para segurar.

Você quer dedos esticados, abertos e fortes. Por quê? Você tem folhas para varrer. Um volante para segurar. A mão de um vizinho para apertar. Ou seja, você simplesmente tem coisas a fazer.

Deus também. Bebês precisam de abraços. Crianças precisam que alguém arrume suas cobertas à noite. Órfãos por causa da AIDS precisam de um lar. Executivos estressados precisam de esperança. Deus tem trabalhos a fazer. E Ele usa as nossas mãos para isso.

O que a mão é para a luva, o Espírito é para o cristão. "Eis que estou à porta e bato; se alguém ouvir a minha voz e abrir a porta, *entrarei* em sua casa e com ele cearei, e ele, comigo" (Ap 3.20, ênfase minha). Deus entra em nós. Às vezes, imperceptivelmente. Outras, não. Deus coloca seus dedos em nossas vidas, centímetro a centímetro, reivindicando o território que é dEle por direito.

Sua língua. Ele a requer para a mensagem.

Seus pés. Ele os requisita para seu propósito.

Sua mente? Ele a criou e projetou para ser usada para a glória dEle.

Seus olhos, rosto e mãos? Através deles, Ele chorará, sorrirá e tocará.

Como uma luva reage à força da mão, você responderá à orientação de Cristo, a ponto de dizer: "... vivo, não mais eu, mas Cristo vive em mim" (Gl 2.20). Oh, mas o processo pode ser lento. Por que alguns caminham com segurança e outros tropeçam com tanta regularidade?

Receber o invisível não é fácil. Muitos cristãos acham mais fácil aceitar a cruz de Cristo do que o Espírito de Cristo. A Sexta-feira Santa faz mais sentido do que o Pentecostes. Cristo, nosso substituto. Jesus assumindo nosso lugar. O Salvador pagando por nossos pecados. Esses são conceitos surpreendentes, porém abraçáveis. Eles estão na arena das negociações e substituições, território familiar a nós. Contudo, discussões acerca do Espírito Santo nos levam ao campo do sobrenatural e do invisível. Rapidamente, ficamos quietos e cautelosos, temendo o que não podemos ver ou explicar.

Isso ajuda a considerar a obra do Espírito desse ângulo. O que Jesus fez na Galiléia é o que o Espírito Santo faz em nós. Jesus *habitava entre* o povo, ensinando, confortando e convencendo. A palavra preferida no Novo Testamento para essa promessa é *oikeo*, que significa "viver ou habitar". *Oikeo* deriva do termo grego *oikos*, que significa "casa". O Espírito Santo habita no crente da mesma maneira que o proprietário de um imóvel mora na casa.

> Porque os que são segundo a carne inclinam-se para as coisas da carne; mas os que são segundo o Espírito, para as coisas do Espírito. Vós, porém, não estais na carne, mas no Espírito, se é que o Espírito de Deus habita em vós. Mas, se alguém não tem o Espírito de Cristo, esse tal não é dele. E, se Cristo está em vós, o corpo, na verdade, está morto por causa do pecado, mas o espírito vive por causa da justiça (Rm 8.5,9,10).

Viu as expressões de permanência? *O Espírito de Deus habita em vós... Cristo está em vós.* Paulo impeliu Timóteo: "Guarda o bom depósito pelo Espírito Santo que habita em nós" (2 Tm 1.14). As palavras do apóstolo poderiam ser mais claras do que "não sabeis vós que sois o templo de Deus e que o Espírito de Deus habita em vós?" (1 Co 3.16)?

Todos os cristãos têm Deus em seu coração. Todavia, nem todos entregaram o coração inteiramente a Deus. Lembre-se, a questão não é "como posso obter mais do Espírito?", mas sim "como o Espírito pode ter mais de mim?" Um palmo e alguns dedos não serão suficientes. C. S. Lewis expressou isso muito bem:

> Cristo diz: "Dê-me tudo. Eu não quero tanto do seu tempo, dinheiro ou trabalho: quero você. Não quero torturar seu "eu" natural, mas aniquilá-lo. Medidas incompletas não são úteis. Não quero cortar um pedaço aqui e outro ali; quero cortar a árvore toda... Entregue todo o "eu"natural, todos os desejos que você acha que são inocentes, bem como os desejos pecaminosos — todo o conjunto. Eu lhe darei um novo "eu". Na verdade, eu lhe darei meu próprio "eu": minha vontade se tornará a sua.[1]

Faça um inventário. Ao olhar em volta de sua vida, você vê algum bolso resistente? Alguns dedos costurados? Continue a lista.

Sua língua. Você tem a tendência de aumentar a verdade? Exagera os fatos? Sua linguagem? Ela é uma costureira de profanações e conversas obscenas? E o rancor? Você guarda ressentimentos? Você é improdutivo e preguiçoso? Vive fora do sistema, afirmando que a igreja ou o país deveriam cuidar de você?

Se você acha essas perguntas muito pessoais, culpe Paulo. Ele elaborou a lista.

> Pelo que deixai a mentira e falai a verdade cada um com o seu próximo; porque somos membros uns dos outros. Irai-vos e não pequeis; não se ponha o sol sobre a vossa ira.
> Não deis lugar ao diabo. Aquele que furtava não furte mais; antes, trabalhe, fazendo com as mãos o que é bom, para que tenha o que repartir com o que tiver necessidade. Não saia da vossa boca nenhuma palavra torpe, mas só a que for boa para promover a edificação, para que dê graça aos que a ouvem. *E não entristeçais o Espírito Santo de Deus, no qual estais selados para o Dia da redenção.* Toda a amargura, e ira, e cólera, e gritaria, e blasfêmias, e toda malícia seja tirada de entre vós (Ef 4.25-31, ênfase minha).

Suas ações interrompem o fluir do Espírito em sua vida?

Nossa vida foi interrompida recentemente por um hóspede não convidado. Eu havia ligado a televisão para assistir às finais de beisebol. A imagem estava irregular. O jogo aparecia e desaparecia. Usei toda a minha habilidade "profissional", como sacudir a ligação, bater no aparelho... Nada adiantou.

A companhia de TV a cabo verificou o sistema e determinou que o sinal original era forte e que o problema estava em meu final. Alguns dias depois, um funcionário descobriu o que estava errado. Denalyn não pôde resistir e me chamou para contar as novidades. "Lembra-se do gato que ouvimos correndo no sótão?", perguntou.

Uma semana atrás, havíamos acordado com o tamborilar de patas peludas sobre o teto de nosso quarto. O rapaz da dedetizadora encontrou pistas de um gato — um pequeno felino de cara redonda com um rabo peludo. Ele colocou uma gaiola e, com certeza, o barulho parou. Sinceramente, pensei que ele havia apanhado o problema. Mas não. Por um dia ou mais, o gato engaiolado ficou no sótão.

Eu não sabia nada sobre gatos engaiolados. Porém, uma coisa eu aprendi: eles não gostam das equipes de beisebol da liga principal.

Enquanto a recepção de imagens estava me empurrando para dentro e para fora do Yankee Stadium, ele estava no andar de cima mastigando o cabo. A grade da gaiola tinha uma abertura larga o suficiente para o focinho, e estava perto o bastante para me impedir de assistir o Boston derrotar o New York.

Reconhecer pragas não basta; você tem de fazer alguma coisa para tirá-las de casa.

É provável que você esteja ciente de alguns de seus próprios problemas: ciúme, intolerância, ganância, ansiedade. Você pode ouvi-los correndo. Não gosta do barulho que fazem, e talvez até já tenha colocado algumas armadilhas. "Estou trabalhando meu temperamento." "Esse hábito ruim precisa de atenção." Bom começo, mas não pare por aí. Pegar animais nocivos com armadilhas não é suficiente. Chame o "dedetizador celestial". Peça a Deus para ajudá-lo a se livrar deles.

Lembra-se da instrução de Paulo? "Toda amargura, e ira, e cólera, e gritaria, e blasfêmias, e toda malícia seja tirada de entre vós" (Ef 4.31). O pecado encoberto interfere na circulação do Espírito. O pecado confessado, no entanto, conecta o cabo e restaura o poder.

Isso pode levar tempo. Não desista. Não deixe que os tropeços o façam parar. Venha, e continue vindo. Beba, e continue bebendo. Peça, e continue pedindo. "Pois, se vós, sendo maus, sabeis dar boas dádivas aos vossos filhos, quanto mais dará o Pai celestial o Espírito Santo àqueles que lho pedirem?" (Lc 11.13)

Não cometa o erro da mosca que encontrei no avião. Em uma recente viagem de avião, uma mosca estava zunindo na cabine. Que estranho. Uma mosca voando dentro de um avião em pleno vôo. Por que uma mosca voaria durante um vôo? Ela estaria ajudando o avião? Fazendo sua parte para mantê-lo no ar?

Eu lhe fiz essa pergunta. Ao conseguir sua atenção, perguntei: "Sra. Mosca, por que você está voando? Por que não se senta e aproveita a viagem?"

Sua resposta tinha um sabor de presunção. "E deixar o avião cair? Ora, esse avião precisa de mim. Minhas asas são essenciais para a nossa segurança." E, com o peito estufado, ela voou em rumo à frente do avião. Quando retornou alguns momentos mais tarde, não parecia tão confiante. O medo brilhava em seus olhinhos. "Acho que não vou conseguir continuar!"

"Continuar o quê?"

"O avião! Acho que não vou conseguir sustentá-lo. Estou voando o máximo que posso, mas minhas asas estão esgotadas. Não sei por quanto tempo vou conseguir fazer isso."

Optei pela franqueza. "Sabia que isso não depende de você? Você está cercada de força, sustentada nas alturas por uma força que não é a sua. Pare de voar! Não é por sua causa que esse avião vai chegar ao destino.

Ela me olhou como se eu estivesse louco e disse-me para sair.

Espero que você não aja assim. Alguns de vocês precisam se sentar. Estão voando de um lado para o outro, sempre ocupados, sempre achando que o sucesso de sua jornada é por sua causa. Você tem medo de parar?

Olhe pelas janelas. As asas de Deus sustentam você. Os motores de Deus o fortalecem. Você pode bater as asas como uma mosca e não acelerar seu vôo. Seu papel é se sentar e confiar: para receber.

Aceite seu poder. Seja a luva e deixe que Ele coloque as mãos no fundo de sua vida.

Renda-se ao seu plano. Livre-se daqueles bichos que mordem os cabos.

E *continue*. Busque incessantemente o Espírito de Deus.

Aceite. Renda-se. Permaneça. P-E-Ç-A. "O Pai celestial dará o Espírito Santo àqueles que lho pedirem" (Lc 11.13 – ARA).

9
Não Compete a Você

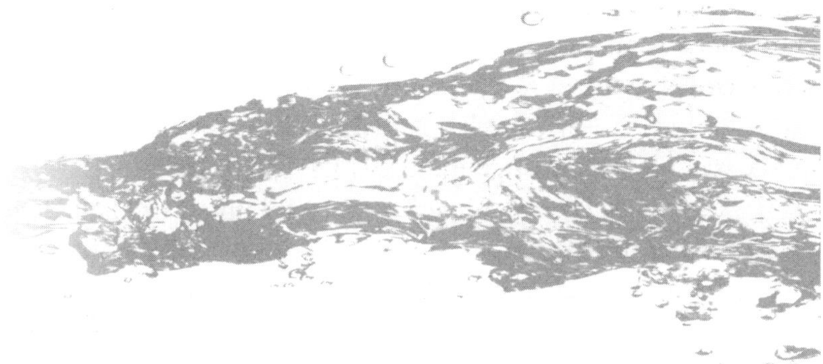

Por que alguém iria incomodar Hannah Lake está além da minha compreensão. Se o rosto meigo dessa menina de dez anos de idade não desengomar sua camisa, sua voz angelical irá. Porém, de acordo com seu pai, a ameaça de um aluno brigão tentava incitar um problema. Táticas de intimidação, de pressão — ele tentava isso tudo. Todavia, Hannah não cedeu. E no final, não foram as covinhas em seu rosto ou sua terna voz que a fez sair do aperto, mas sua fé.

O aluno mais velho avisou Hannah para se preparar para a batalha. "Qualquer dia me encontro com você." Hannah não voltou atrás nem chorou. Simplesmente informou o desafiante acerca dos fatos. "Faça o que precisa fazer", explicou. "Mas saiba apenas de uma coisa: Deus está ao meu lado."

Por fim, nenhuma outra ameaça foi feita.

Brigões na escola elementar não esperam por você, mas casas funerárias sim. Transferências de trabalho e amigos apenas nos bons momentos também. Desafios marcam o caminho de sua vida. Onde você encontra forças para enfrentá-los? Deus nunca prometeu a ausência de dificuldades. Mas prometeu a presença segura do Espírito Santo. À primeira vista, uma pessoa poderia afirmar que o Espírito Santo diz respeito apenas ao que é espetacular e espantoso. Temos visto na televisão a imagem de pregadores suados, desmaiando e fazendo as pessoas presentes cair, falando línguas estranhas e questionando a operação de milagres. Enquanto ninguém negaria a natureza visível da obra do Espírito Santo (línguas de fogo sobre a cabeça dos apóstolos), um foco no fenômeno pode levá-lo a perder a obra de estabilização mais silenciosa.

O Espírito Santo invisivelmente, embora de modo indispensável, funciona como o leme para o barco de sua alma, mantendo você navegando e na rota. Essa não é uma viagem solitária. Da próxima vez que sentir como se fosse, reveja alguns dos dons concedidos pelo Espírito. Por exemplo, "... fostes selados com o Espírito Santo da promessa; o qual é o penhor da nossa herança" (Ef 1.13,14).

O Espírito sela você. O verbo *selar* gera uma variedade de imagens. Para proteger uma carta, você sela o envelope. Para manter o ar fora de uma garrafa, você sela o gargalo com uma tampa de plástico. Para evitar o contato do vinho com o oxigênio, você sela a abertura com cortiça e cera. A fim de selar um acordo, você tem de assinar um contrato ou reconhecer firma. O selo declara posse e assegura o conteúdo.

A "selagem" mais famosa ocorreu com o túmulo de Jesus. Soldados romanos rolaram uma rocha até a entrada e selaram a pedra (Mt 27.66). Arqueólogos descrevem duas fitas esticadas na entrada, coladas com uma cera endurecida que continha a sanção do governo romano — SPQR (*Senatus Populusque Romanus*) — como se dissesse: "Afaste-se! O conteúdo desse túmulo pertence a Roma". O selo deles, é claro, provou ser inútil.

O selo do Espírito, no entanto, prova-se poderoso. Quando você aceita a Cristo, Deus sela sua vida com o Espírito. "... tendo nele [em Cristo] também crido, fostes selados com o Espírito Santo da promessa" (Ef 1.13). Quando intrusos infernais vêm para roubá-lo de Deus, o selo os faz retornar. O Senhor comprou você, o possui e o protege. Deus pagou um preço alto demais para deixá-lo desprotegido. Como Paulo escreveu mais tarde: "E não entristeçais o Espírito Santo de Deus, no qual estais selados para o Dia da redenção" (Ef 4.30).

Em seu encantador livro *The Dance of Hope* (A Dança da Esperança), meu amigo Bill Frey conta a história de um estudante cego chamado John, de quem ele foi tutor na Universidade do Colorado em 1951. Um dia, Bill perguntou a John como ele havia ficado cego. O estudante descreveu um acidente que acontecera em sua adolescência. A tragédia tirou não só a visão do garoto, mas também sua esperança. Ele disse a Bill: "Fiquei amargurado e com raiva de Deus por ter permitido que aquilo acontecesse, e descontei minha ira em todos ao meu redor. Eu achava que não tinha mais futuro, e que por isso não moveria um dedo sequer em meu benefício. Deixaria os outros esperarem por mim. Fechei a porta do meu quarto e me recusei a sair exceto para as refeições."

Tal revelação surpreendeu Bill. O estudante não demonstrava mais nenhuma amargura ou raiva. Então ele pediu que John explicasse a mudança. John atribuiu isso a seu pai. Cansado da festa da piedade e pronto a fazer com que seu filho progredisse na vida, ele lembrou o menino do vento do inverno que estava se aproximando e disse-lhe para preparar as janelas extras que protegeriam as janelas comuns do mau tempo. "Faça o trabalho antes que eu volte para casa", o pai insistiu, batendo a porta ao sair.

John reagiu com ira. Resmungando, praguejando e apalpando o caminho até a garagem, ele encontrou as janelas, a escada e as ferramentas, e então começou a trabalhar. "Ele vai lamentar quando eu cair da escada e quebrar o pescoço." Porém, ele não caiu. Pouco a pouco, ele deu a volta na casa e terminou a tarefa.

O serviço atingiu o objetivo do pai. John relutantemente percebeu que ainda podia trabalhar e começou a reconstruir sua vida. Anos depois, aprendeu algo mais sobre aquele dia. Quando partilhou esse detalhe com Bill, seus olhos se encheram de lágrimas. "Descobri mais tarde que em momento algum daquele dia meu pai esteve longe de mim por mais de um metro e meio de distância".[1]

O pai não tinha a intenção de deixar o menino cair.

Seu Pai também não tem a intenção de deixá-lo cair. Você não pode vê-lo, mas Ele está presente. Você está "[protegido] pelo poder de Deus" (1 Pe 1.5 – NVI). Ele é "poderoso para impedi-los de cair e para apresentá-los diante da sua glória sem mácula e com grande alegria" (Jd 24 – NVI).

Beba profundamente dessa verdade. Deus é capaz de livrá-lo da queda! Ele quer que você viva com medo? Não! Pelo contrário. "Porque não recebestes o espírito de escravidão, para, outra vez, estardes em temor, mas recebestes o espírito de adoção de filhos, pelo qual clamamos: Aba, Pai. O mesmo Espírito testifica com o nosso espírito que somos filhos de Deus" (Rm 8.15,16).

Que afirmação intrigante. No seu interior, o Espírito de Deus confirma com o seu espírito que você pertence a Ele. Em uma profundidade que ultrapassa a função vital do coração, o Espírito de Deus sussurra:

"Você é meu. Eu o comprei e selei, e ninguém mais pode tomar você". O Espírito oferece um testemunho interior e confortante.

Ele é como um pai que anda de mãos dadas com seu filho pequeno. A criança sabe que pertence ao pai, sua mãozinha se perde alegremente mão maior. Não se sente inseguro acerca do amor do papai. No entanto, de repente o pai, movido por algum impulso, joga o filho para o alto, toma-o em seus braços e diz: "Filho, amo você". Dá um grande beijo em sua bochecha, coloca o menino no chão e continuam a caminhar juntos.

O relacionamento entre os dois mudou? Em um ponto, não. O pai não é mais pai do que era antes de sua expressão de amor. Mas em um nível mais profundo, sim. O pai ensopado de lágrimas, molhou e saturou o menino com amor. O Espírito de Deus faz o mesmo conosco. "... o amor de Deus está derramado em nosso coração pelo Espírito Santo que nos foi dado" (Rm 5.5). Observe a preposição *de*. O Espírito Santo derrama o amor *de* Deus em nosso coração, não amor *por* Deus. Deus entrega um balde de amor ao Espírito e instrui: "Embeba seus corações".

Esse são os momentos quando o Espírito nos enleva com doces rapsódias. *Você pertence ao Pai. Assinado, selado e entregue em breve.* Faz algum tempo que você o ouviu sussurrar as palavras de garantia? Então lhe diga. Ele está ouvindo você. E — aceite isso! — Ele está falando a você.

> E da mesma maneira também o Espírito ajuda as nossas fraquezas; porque não sabemos o que havemos de pedir como convém, mas o mesmo Espírito intercede por nós com gemidos inexprimíveis. E aquele que examina os corações sabe qual é a intenção do Espírito; e é ele que segundo Deus intercede pelos santos (Rm 8.26,27).

O Espírito veio para cuidar de nossas fraquezas. Que frase digna de um destaque. Quem não precisa desse lembrete? Corpos fracos. Vontades fracas. Decisões enfraquecidas. Conhecemos todos eles. A palavra *fraqueza* pode se referir a debilidades físicas, como o inválido que fora incapaz de andar durante trinta e oito anos (Jo 5.5), ou impotência espiritual, como o espiritualmente fraco de Romanos 5.6.

Se somos frágeis de alma, de corpo ou de ambos, não compete a nós. "O mesmo Espírito intercede por nós."

Vi um representação do forte falando aos fracos durante um informe da Casa Branca sobre a crise da AIDS. Enquanto a maioria dos presentes representavam organizações assistenciais, poucos pastores foram convidados. A programação do dia incluía uma sessão de perguntas e respostas com um funcionário da Casa Branca encarregado de uma supervisão parcial de vários bilhões de dólares destinados à prevenção e ao tratamento da AIDS. Havia muitas perguntas. Quem estará qualificado? Quanto uma organização pode esperar receber? Quais são os requisitos, se houver, para o uso do dinheiro? A maioria das perguntas foram feitas pelas organizações. Muitos de nós, pastores, estávamos em silêncio.

Mas não Bob Coy. Ele era o pastor de uma grande congregação em Fort Lauderdale, Flórida. Desde as primeiras conversas, eu sabia de seus sentimentos pelas vítimas da AIDS. Quando ele levantou a mão, esperei uma pergunta política. Errado. Ele fez uma pergunta pessoal. "Um de meus amigos em Miami está morrendo de AIDS. Ele gasta dois mil dólares por mês com medicamentos. Já que o seguro se recusa a cobrir os gastos, eu gostaria de saber se posso dar-lhe alguma assistência."

O representante da Casa Branca ficou surpreso, mas foi cortês. "Eh, certamente. Depois da reunião, colocarei você em contato com a pessoa certa."

O pastor, determinado a colocar o problema no topo da lista de discussão, continuou em pé. Ele estava com alguns papéis grampeados. "Trouxe esses documentos comigo. Se mais algum for necessário, posso providenciar."

O oficial do governo manteve o tratamento gentil. "Absolutamente. Depois da reunião."

Depois de responder a uma ou duas perguntas, percebeu que o pastor da Flórida havia levantado a mão de novo. Dessa vez o pregador foi ao ponto mais importante.

— Ainda estou pensando no meu amigo —, explicou. — Quem assina os cheques?

— Desculpe-me?

— Quem assina os cheques? Quero apenas falar com a pessoa que toma as decisões. Então, gostaria de saber: Quem assina os cheques?

Minha reação inicial foi: *Que audácia!* O pastor aproveitando um momento na Casa Branca para ajudar a um amigo. Então pensei: *Que lealdade! Será que o amigo acamado na Flórida tem noção de que o seu problema está sendo exposto a poucos metros do Salão Oval?*

Você faz idéia de que suas necessidades estão sendo descritas no céu? O Espírito Santo "intercede por nós com gemidos inexprimíveis. E aquele que examina os corações sabe qual é a intenção do Espírito; e é ele que segundo Deus intercede pelos santos" (Rm 8.26,27).

O homem infectado pela AIDS não tinha voz, influência ou poder. Mas tinha um amigo. E este fala em seu favor. O órfão empobrecido da Rússia, a viúva desesperada, o cristão dedicado envelhecendo no asilo — eles podem achar que não têm voz, influência ou poder. Mas têm um amigo — um conselheiro, um consolador — o bendito Espírito de Deus, que fala a língua do céu no céu. "O mesmo Espírito intercede por nós com gemidos inexprimíveis... e é ele que segundo Deus intercede pelos santos" (vv. 26,27).

Não compete a você fazer suas orações. Nenhum de nós ora tanto quanto deveria, mas todos oramos mais do que pensamos, porque o Espírito Santo transforma nossos suspiros em petições e nossas lágrimas em súplicas. Ele fala por você e o protege. Ele assegura que você será ouvido. E também garante que você chegará ao lar.

Agora, imagine que uma pessoa nunca ouça isso, nunca aprenda sobre o selo e a intercessão do Espírito. Esse indivíduo acha que a segurança da salvação está nele mesmo, e não em Deus, e que ao poder das orações dependem de uma pessoa, e não do Espírito. Que tipo de vida essa pessoa terá?

Um vida ressecada e sem oração. A luta para permanecer flutuando espiritualmente o esgota. Pensar que está sozinho diante de Deus o desencoraja. Assim, ele vive ressecado e sem oração.

Mas e aquele que acredita na obra do Espírito? Aquele que crê de verdade. Suponha que uma pessoa beba dessa fonte? Melhor ainda, suponha que você o faça. Imagine deixar o Espírito saturá-lo com segurança. Além disso, "a esperança não traz confusão, porquanto o amor de Deus está derramado em nosso coração pelo Espírito Santo que nos foi dado" (Rm 5.5).

Como resultado, você será diferente? Tenho certeza de que seus domingos serão. Seus ombros se erguerão ao ficarem livres do peso da auto-salvação. Seus joelhos se dobrarão quando você descobrir o poder da oração do Espírito. Caminhos mais altos. Orações mais profundas. E, acima de tudo, uma confiança silenciosa que vem ao saber que compete a você. E você, como Hannah, pode dizer aos ameaçadores do mundo: "Faça o que precisa fazer. Mas saiba apenas de uma coisa: Deus está ao meu lado".

Parte 3

Confie em sua Soberania

10
Em Deus (quase) Confiamos

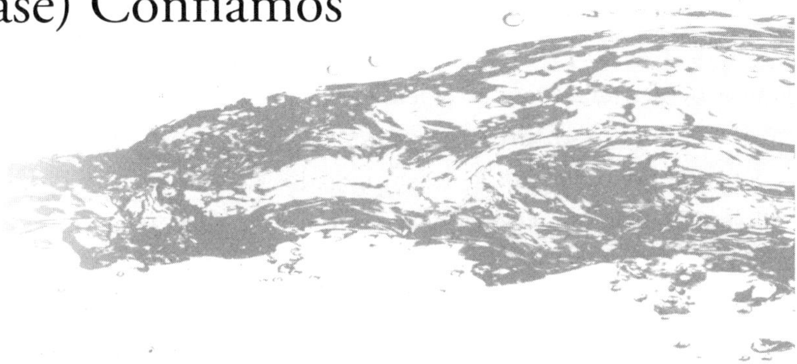

Poucos dias antes de nosso casamento, Denalyn e eu aproveitamos e suportamos uma viagem de barco. Milt, um amigo da igreja de Miami, havia convidado Denalyn, a mãe dela e eu para nos unirmos a ele e outros amigos em um cruzeiro de lazer pela costa da Flórida.

Inicialmente, foi apenas isso. Lazer. Relaxamos em almofadas, deixamos nossos pés suspensos na lateral, tiramos alguns cochilos e tomamos sol. Agradável.

Mas então veio a tempestade. O céu escureceu, a chuva caiu e o mar tranqüilo começou a ondular como o pescoço de um dragão. De repente, as ondas começaram a balançar o barco de tal forma que em um momento não víamos nada além do céu e em outro, quando nos inclinava para baixo, víamos apenas o azul do mar. O bronzeamento cessou. O cochilo foi interrompido. Os olhos se voltaram primeiro para as nuvens carregadas, e em seguida, para o capitão, que olhou para Milt.

Ele foi firme e autoconfiante. Mostrou a algumas pessoas onde deveriam se sentar, delegou tarefas a outras e disse a todos nós que fôssemos persistentes. E fizemos o que ele disse. Por quê? Sabíamos que ele sabia melhor que todo o mundo ali o que fazer. Ninguém mais conhecia a diferença entre estibordo e popa. Só Milt. Confiamos nele. Sabíamos que ele sabia.

E tínhamos consciência de que não sabíamos. Antes dos ventos, poderíamos ter nos gabado das medalhas de mérito em velejar que recebemos quando fomos escoteiros ou das excursões em canoas. Mas, uma vez atingidos pela tempestade, nos calamos. Não tínhamos escolha a não ser confiar em Milt. Ele sabia o que não sabíamos — e se importava conosco. O barco era capitaneado não por um mercenário ou um estranho, mas por um colega. Nossa segurança importava para ele. Assim, confiamos.

Oh, se a escolha fosse tão fácil assim na vida. Preciso lembrá-lo dos ventos ocidentais? Com a velocidade de um raio e a força de um trovão, rajadas de vento enfurecem águas tranqüilas. Vítimas de tempestades repentinas povoam filas de desempregados e UTIs. Você conhece os ventos. Sente as ondas. Adeus, navegação calma. Olá, águas agitadas.

Esses tufões testam nossa confiança no Capitão. Deus sabe o que está fazendo? Ele pode nos livrar? Por que Ele permite a tempestade? As condições pioram, e as instruções dEle deixam você perplexo: Ele o chama para suportar o desastre, tolerar as críticas, perdoar o inimigo... Como você responde?

Você pode dizer sobre Deus o mesmo que eu falei acerca de Milt?

Sei que Deus sabe o que é melhor.

Sei que eu não sei.

Sei que Ele se importa.

Tais palavras surgem facilmente quando as águas estão calmas. Mas quando está olhando um carro batido ou uma mancha de aparência suspeita, quando a guerra explode ou os ladrões invadem, você confia nEle?

Caso a resposta seja sim, então você está marcando muitos pontos na sala de aula da soberania. Confessar a soberania de Deus é reconhecer o Reino de Deus, sua autoridade real e o poder de veto acerca de todas as coisas que acontecem. Abraçar a soberania de Deus é beber da fonte de seu senhorio e fazer um passeio de barco na tempestade da decisão. Não considerando Milt e o mar, mas Deus e a vida. Você olha para o Capitão e conclui: Ele sabe o que é melhor.

Além do mais, não é Ele que controla as atividades do universo?

> Mas o nosso Deus está nos céus e faz tudo o que lhe apraz (Sl 115.3).

> Ainda antes que houvesse dia, eu sou; e ninguém há que possa fazer escapar das minhas mãos; operando eu, quem impedirá? (Is 43.13)

> Que anuncio o fim desde o princípio e, desde a antiguidade, as coisas que ainda não sucederam; que digo: o meu conselho será firme, e farei toda a minha vontade (Is 46.10).

> Nele, digo, em quem também fomos feitos herança, havendo sido predestinados conforme o propósito daquele que faz todas as coisas, segundo o conselho da sua vontade (Ef 1.11).

Decretos divinos regem o cosmos. Jesus disse a Pilatos: "Nenhum poder terias contra mim, se de cima te não fosse dado" (Jo 19.11). Os líderes judaicos pensavam que foram os que enviaram Cristo à cruz. Pedro os corrigiu. Jesus foi "entregue pelo determinado conselho e presciência de Deus" (At 2.23).

Jeremias inquiriu retoricamente: "Quem é aquele que diz, e assim acontece, quando o Senhor o não mande?" (Lm 3.37)

O livro de Daniel declara: "Todos os povos da terra são como nada diante dele. Ele age como lhe agrada com os exércitos dos céus e com os habitantes da terra. Ninguém é capaz de resistir à sua mão ou dizer-lhe: 'O que fizeste?'" (Dn 4.35)

As Escrituras, do Antigo ao Novo Testamento, dos profetas aos poetas e pregadores, se rendem a um coro unânime: Deus comanda os acontecimentos da humanidade. Como Paulo escreveu: "[Deus] é o *bendito e único Soberano*, o Rei dos reis e Senhor dos senhores" (1 Tm 6.15 – NVI, ênfase minha).

Nem uma folha cai sem que Deus saiba. Nenhum golfinho tem filhotes sem a permissão dEle. Nenhuma onda quebra na praia sem que Ele tenha calculado. Deus nunca fica surpreso. Nem uma vez. "[O Senhor está] sustentando todas as coisas pela palavra do seu poder" (Hb 1.3). "... pois ele mesmo é quem dá a todos a vida, a respiração e todas as coisas" (At 17.25). O rei Davi proclamou: "Os teus olhos viram o meu corpo ainda informe, e no teu livro todas estas coisas foram escritas, as quais iam sendo dia a dia formadas, quando nem ainda uma delas havia (Sl 139.16).

Negar a soberania de Deus requer tesouras afiadas e resulta em uma Bíblia esburacada, pois muitos versículos teriam de ser cortados. Surpreendentemente, algumas pessoas optam por extrair tais passagens. Incapazes de conciliar sofrimento humano com soberania absoluta, elas diluem a Palavra de Deus. O rabino Kushner o fez.

Seu livro *When Bad Things Happen to Good People* chegou à seguinte conclusão: Deus não consegue dominar o mundo. Kushner sugeriu que Jó, o mais famoso sofredor, foi "forçado a escolher entre um Deus bom que não é totalmente poderoso ou um Deus poderoso que não é totalmente bom".[1]

O rabino fala por muitos. *Deus é forte. Ou Deus é bom. Mas Deus não é as duas coisas.* Além disso, como você pode explicar defeitos de nascença, furacões devastadores, a AIDS ou o genocídio dos Tutsi nos anos 90? Se Deus se importa, então não é forte; se é forte, não se importa. Ele não pode conciliar esses dois aspectos.

No entanto, segundo a Bíblia, Ele é exatamente isso que Ele faz. Além disso, de acordo com a Bíblia, o problema não é a força ou a bondade de Deus. O problema é a agenda da humanidade. Buscamos as prioridades erradas. Queremos boa saúde, um bom salário, uma boa noite de descanso e uma boa aposentadoria. Nossa prioridade somos *nós*.

Contudo, a prioridade de Deus é Deus. Por que o céu existe? Para ostentar Deus. "Os céus manifestam a glória de Deus" (Sl 19.1).

Por que as pessoas lutam? Para demonstrar força. "Eis que te purifiquei, mas não como a prata; provei-te na fornalha da aflição. Por amor de mim, por amor de mim, o farei, porque como seria profanado o meu nome?" (Is 48.10,11) O profeta proclamou: "... assim guiaste ao teu povo, para criares um nome glorioso" (Is 63.14).

Deus estende sua própria bandeira. Ele flexiona seus próprios músculos. O céu não pergunta: "Como posso usar Max para revelar minha excelência?" Ele pode usar as bênçãos. Porém, em outros momentos, pode usar dificuldades. Ambos pertencem a Ele.

> Eu formo a luz e crio as trevas; eu faço a paz e crio o mal; eu, o Senhor, faço todas essas coisas (Is 45.7).

> No dia da prosperidade, goza do bem, mas, no dia da adversidade, considera; porque também Deus fez este em oposição àquele, para que o homem nada ache que tenha de vir depois dele (Ec 7.14).
> Porventura da boca do Altíssimo não sai o mal e o bem? (Lm 3.38)

Algum tempo atrás, fui ao aeroporto de Indianápolis pegar um vôo para San Antonio. Ao chegar ao terminal, percebi que havia perdido meu itinerário. Mas estava tudo bem, pois eu sabia que companhia aérea me levaria para casa. Continental. Tendo viajado de San Antonio pela Continental, eu retornaria na Continental. Certo? Porém, o guichê da Continental estava fechado. As luzes estavam apagadas. Nenhum atendente estava por perto. Com o relógio quase marcando 19h40, horário de minha partida, procurei ajuda. "Olá? Tem alguém aí? Estou aqui para o vôo das 19h40.

Das catacumbas emergiu um carregador de bagagens da Continental. Ele me olhou e disse:

— Não temos um vôo às 19h40.

— Tem sim — repliquei. — Eu viajei pela Continental até aqui e preciso voltar para casa.

Ele encolheu os ombros e repetiu:

— Não temos nenhum outro vôo à noite.

Fui até a máquina de tíquetes automáticos, digitei minhas informações e pedi uma passagem para o vôo das 19h40. Fui informado que não havia vôos para este horário. Você pode imaginar? Até a máquina estava errada!

O funcionário, com toda razão, estava ficando aborrecido comigo. Depois de coçar sua cabeça careca, ofereceu-me uma solução. "Sabe, a Northwest Airlines tem um vôo às 19h40. Seria bom o senhor verificar."

Com toda certeza, havia o tal vôo. E tive de admitir que os horários das companhias aéreas estavam acima de minha opinião. A autoridade delas derrotava a minha. Eu poderia ter ficado em frente ao guichê da Continental a noite toda, batendo meus pés e exigindo o vôo. Mas de que adiantaria? Eventualmente, tive de me submeter à verdade do itinerário.

Com muita freqüência em nossa vida, nos encontramos em pé diante do guichê de Deus, achando que conhecemos o itinerário. Boa saúde, uma promoção no trabalho, uma gravidez. Muitas vezes Deus verifica o itinerário que Ele criou e diz sim. Todavia, há momentos em que Ele diz: "Não. Essa não é a jornada que planejei para você. É preciso passar pela rota da Cidade da Luta".

Podemos bater os pés e agitar os braços. Ou podemos tomar uma decisão como a do marinheiro na tempestade. *Sei que Deus sabe o que é melhor.*

Alguns acham impossível aceitar essa idéia. Uma prezada senhora achou. Depois de compartilhar essas idéias em um auditório, ela pediu para falar comigo. Com o marido ao seu lado, ela relatou a história de sua terrível infância. Primeiro, foi vítima de abuso pelo pai, e depois foi abandonada por ele. Mágoas inimagináveis e não merecidas deixaram cicatrizes em suas lembranças mais remotas. Com os olhos cheios de lágrimas, ela perguntou: "Você quer dizer que Deus estava me vendo o tempo todo?"

A pergunta estremeceu na sala. Acomodei-me na cadeira e respondi: "Sim, Ele estava. Não sei por que Ele permitiu que você sofresse o abuso, mas tenho uma certeza. Deus a ama e sofre com você". Ela não gostou da resposta. Mas eu ousaria dizer qualquer outra coisa? Ousamos dizer que Deus cochilou? Abandonou o posto? Que o céu vê mas não age? Que nosso Pai é bom mas não é forte, ou forte mas não se importa?

Gostaria que ela tivesse falado com José. Seus irmãos o prejudicaram, o venderam como escravo. Deus estava vendo? Sim. E nosso Deus soberano usou seus corações rebeldes para salvar uma nação da fome e a família do Messias da extinção. Como José lhes disse: "Vós bem intentastes mal contra mim, porém Deus o tornou em bem" (Gn 50.20).

Gostaria que ela tivesse conversado com Lázaro. Ele ficou gravemente enfermo. Quando Jesus ouviu as notícias, nada fez. Jesus esperou até que Lázaro estivesse morto há quatro dias na sepultura. Por quê? "Para a glória de Deus, para que o Filho de Deus seja glorificado" (Jo 11.4).

Melhor que tudo seria uma conversa com o próprio Jesus. Ele suplicou ao Pai por um itinerário diferente: uma morte sem cruz. No jardim do Getsêmani, Cristo rogou por um plano B. Redenção sem os cravos. "Pai, se queres, passa de mim este cálice; todavia, não se faça a minha vontade, mas a tua. E apareceu-lhe um anjo do céu, que o confortava" (Lc 22.42,43).

Deus ouviu a oração de seu Filho? O suficiente para enviar um anjo. Deus livrou seu Filho da morte? Não. A glória de Deus excede em importância o conforto de Cristo. Então Ele sofreu, e a graça de Deus foi demonstrada.

Você foi chamado para suportar uma temporada no Getsêmani? A você "foi concedido, em relação a Cristo, não somente crer nele, como também padecer por ele" (Fp 1.29)?

Se foi, então venha e beba profundamente de sua soberania. Ele é o autor do seu itinerário. Ele sabe o que é melhor. Nenhuma luta surgirá em seu caminho sem o propósito, a presença e a permissão dEle. Que encorajamento isso traz! Você nunca é a vítima da natureza ou do destino. A chance é eliminada. Você é mais que um cata-vento movido pelos ventos da sorte. Deus abandoná-lo aos caprichos de ladrões drogados, à ganância de invasores corporativos ou líderes maus? Esqueça essa idéia!

> Quando passares pelas águas, estarei contigo, e, quando pelos rios, eles não te submergirão; quando passares pelo fogo, não te queimarás, nem a chama arderá em ti. Porque eu sou o Senhor, teu Deus, o Santo de Israel, o teu Salvador... (Is 43.2,3)

Vivemos sob as mãos protetoras de um Rei soberano que dirige todas as circunstâncias de nossas vidas e sente prazer em nos fazer o bem.

Nada surge em seu caminho sem que passe primeiro pelo filtro de seu amor. Margaret Clarkson, em seu livro maravilhosamente intitulado *Grace Grows Best in Winter* (A Graça Cresce mais no Inverno), escreveu:

> A soberania de Deus é a rocha inabalável a que o coração humano em sofrimento deve se apegar. As circunstâncias em volta de nossas vidas não são acidentes: podem até ser obra do mal, mas esse mal está sob o controle da poderosa mão de nosso Deus soberano. Todo mal está sujeito a Ele, e o mal não pode tocar seus filhos a menos que Ele permita. Deus é o Senhor da história da humanidade e da história pessoal de cada membro de sua família redimida.[2]

Aprenda bem a canção da soberania: *Sei que Deus sabe o que é melhor*. Faça humildemente a oração de confiança: "Confio em tua soberania. Eu pertenço a ti. Nada me acontece sem que tenha passado por ti".

Uma palavra de precaução: a doutrina da soberania de Deus nos desafia. Estude-a gradualmente. Não a compartilhe por simples capricho. Quando alguém que você ama enfrentar a adversidade, não declare de modo insensível: "Deus está no controle". Um tom arrogante pode ofuscar a verdade genuína. Seja cuidadoso.

E seja encorajado. Os métodos de Deus estão sempre certos. Eles podem não fazer sentido para nós. Podem ser misteriosos, inexplicáveis, difíceis e até dolorosos. Mas estão sempre certos. "E sabemos que todas as coisas contribuem juntamente para o bem daqueles que amam a Deus, daqueles que são chamados por seu decreto" (Rm 8.28).

Como John Oxenham escreveu em 1913:

A Escrita de Deus

Ele escreveu com letras grandes o bastante

Para que nossa visão restrita entendesse;

Pegamos frases soltas

E tentamos desvendar todo o mistério

Das esperanças enfraquecidas, da morte, da vida,

A guerra sem fim, a discussão inútil, —

Mas lá, com uma visão ampliada e com maior nitidez,

Veremos isso — o caminho dEle estava certo.[3]

11
Preocupado? Você não Tem de Ficar assim

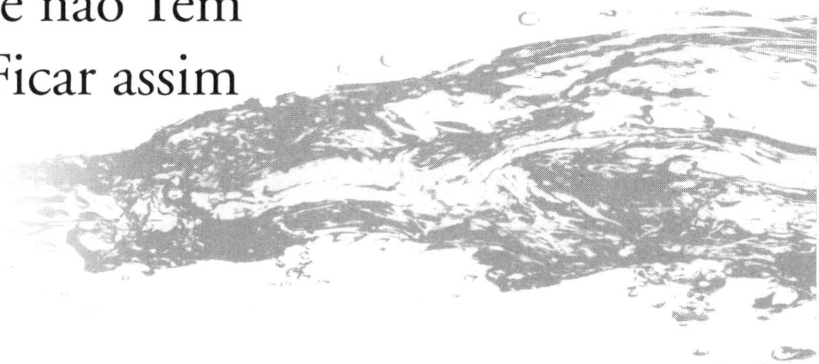

A idéia capturou a imaginação de cientistas futuristas: um edifício de oito andares, de vidro e aço, no qual oito cientistas viveriam de modo confortável. Os elementos externos do deserto de Sonora não os tocariam. Deixe o sol arder. Deixe os ventos soprarem. Deixe a areia voar. Protegidos no edifício os pesquisadores ficariam intocáveis.

Assim, com a esperança de desenvolver o protótipo de uma colônia espacial, entraram no viveiro de duzentos milhões de dólares em 1991.[1] Eles plantaram suas sementes e produziram seus alimentos; os cientistas observavam com fascínio, e não poucos de nós sentimos um toque de inveja.

Quem não anseia por uma rotunda de alívio? Não de um deserto no Arizona, mas dos ventos áridos e do sol forte da vida. O banco exige a hipoteca a cada mês. A conta do hospital é como um golpe de nocaute. O fim do semestre está de emboscada na esquina.

E olhe a sua volta. Você tem motivos para se preocupar. O sol emite raios que podem provocar câncer. As saídas de ar sopram fungos que prejudicam os pulmões. Batatas fritas têm carboidratos demais. Vegetais, excesso de toxinas. E por que quando um avião aterrissa a aeromoça nos orienta a ficarmos sentados até que tenhamos alcançado uma "parada completa". Existe algum outro tipo? Alguma companhia aérea tem "classes de parada", "paradas parciais" ou "pequenas porções de parada"?

Alguns de nós temos pós-graduação na Universidade da Ansiedade. Vamos dormir preocupados quanto a não acordarmos; acordamos preocupados porque não dormimos. Ficamos preocupados com a possibilidade de alguém descobrir que alface engorda. A mãe de uma adolescente lamenta-se: "Minha filha não me conta nada. Por isso, vivo nervosa". Uma outra mãe replica: "Minha filha me conta tudo. Por isso, vivo nervosa". Você não gostaria de parar de se preocupar? Você poderia usar um firme refúgio dos elementos severos da vida?

Deus lhe oferece exatamente isso: a possibilidade de uma vida livre da ansiedade. Não menos preocupação, mas nenhuma preocupação. Ele criou um abrigo para o seu coração. "E a paz de Deus, que excede todo o entendimento, guardará os vossos corações e os vossos sentimentos em Cristo Jesus" (Fp 4.7).

Interessado? Então dê uma olhada no restante da passagem.

> Não estejais inquietos por coisa alguma; antes, as vossas petições sejam em tudo conhecidas diante de Deus, pela oração e súplicas, com ações de graças. E a paz de Deus, que excede todo o entendimento, guardará os vossos corações e os vossos sentimentos em Cristo Jesus" (vv. 6,7).

Os cristãos em Filipos precisavam de uma biosfera. Ataques estavam vindo de todos os lados. Pregadores lhes serviam por interesses próprios (Fp 1.15-17). Contendas entre os membros ameaçavam a unidade da igreja (Fp 4.2). Falsos mestres ensinavam um evangelho sem a cruz (Fp 3.2,3,18,19). Alguns crentes lutavam para encontrar comida e abrigo (Fp 4.19). Perseguições externas. Problemas internos.

Vespeiros suficientes para preocupá-lo. As pessoas em Filipos os tinham. Pessoas têm hoje. A eles e a nós Deus concede a proposta inacreditável: "Não andem ansiosos ansiosos por coisa alguma" (Fp 4.6 – NVI).

Ok, está certo. E enquanto for assim, darei voltas em torno da lua. Você está brincando?

Jesus não está. Duas palavras resumem a opinião dEle quanto à ansiedade: *irrelevante* e *irreverente.*

"E qual de vós poderá, com todos os seus cuidados, acrescentar um côvado à sua estatura?" (Mt 6.27) Não altera em nada. Quando foi a última vez que você resolveu um problema por se preocupar com ele? Imagine alguém dizendo: "O pagamento de minhas contas estava atrasado, então decidi me preocupar com o que fazer para me livrar da dívida. E, acredite, funcionou! Algumas noites sem dormir, um dia passando mal e mãos suando frio. Gritei com meus filhos e tomei alguns comprimidos, e — graças à preocupação — o dinheiro apareceu em minha mesa".

Isso não aconteceu! A preocupação não muda nada. Você não acrescenta um dia à sua vida ou um pouco de vida ao seu dia ficando preocupado. Sua ansiedade só lhe causa mal-estar, nada mais. A respeito das coisas com que nos preocupamos:

- 40% nunca acontecem
- 30% relacionam-se a feitos imutáveis do passado
- 12% concentram-se em opiniões dos outros que não podem ser controladas
- 10% estão centradas na saúde pessoal, que só piora enquanto nos preocupamos
- 8% estão ligadas a problemas reais que podemos influenciar[2]

Noventa e dois por cento de nossas preocupações são desnecessárias! A preocupação não só é irrelevante, e nada faz; ela também é falta de reverência, falta de confiança em Deus.

> E, quanto ao vestuário, porque andais solícitos? Olhai para os lírios do campo, como eles crescem; não trabalham, nem fiam. E eu vos digo que nem mesmo Salomão, em toda a sua glória, se vestiu como qualquer deles. Pois, se Deus assim veste a erva do campo, que hoje existe e amanhã é lançada no forno, não vos vestirá muito mais a vós, *homens de pequena fé*? (Mt 6.28-30, ênfase do autor)

A preocupação denuncia uma fé frágil, uma "blasfêmia inconsciente".[3] Não duvidamos de Deus de modo intencional, mas, quando nos preocupamos, não o fazemos essencialmente? Assumimos a uma atitude de uma criança perguntando a Michelangelo: "Tem certeza de que você sabe o que fazer com aquela rocha?" Não nos surpreende o fato de o apóstolo nos alertar: "Não estejais inquietos por coisa alguma" (Fp 4.6). Paulo não está promovendo uma vida irresponsável, sem cuidados. Não é para sermos como o pastor que dizia a si mesmo: *Não tenho de me preocupar. O Espírito Santo me dará a mensagem.* Ao longo da semana, ele evitou seu trabalho, declarando: *O Espírito Santo me dará a mensagem.* Finalmente, no domingo, ele se colocou diante da igreja e orou em voz alta: "Bem, Senhor. Dê-me a mensagem". Para a surpresa da igreja, uma voz celestial encheu o santuário: "Diga ao povo que você não estudou".

Controlar seus problemas? É claro. Mas deixar que seus problemas controlem você? O coração inquieto deixa.

E o coração inquieto paga um alto preço por esta atitude. *Preocupação* vem da palavra grega que significa "dividir a mente". A ansiedade nos parte ao meio, criando um pensador com duas mentes. Em vez de eliminar os problemas de amanhã, a preocupação anula a força de hoje. A percepção fica dividida, distorcendo sua visão. A força se divide, desperdiçando sua energia. Quem pode se dar ao luxo de perder o poder?

Mas como podemos parar de agir assim? Paulo oferece uma resposta de dois lados: a parte de Deus e a nossa parte. A nossa parte inclui oração e gratidão. "Não estejais inquietos por coisa alguma; antes, as vossas petições sejam em tudo conhecidas diante de Deus, pela oração e súplicas, *com ação de graças*" (Fp 4.6, ênfase minha).

Deseja preocupar-se menos? Então ore mais. Em vez de olhar adiante com medo, olhe para cima com fé. Essa ordem não surpreende a ninguém. Acerca da oração, a Bíblia nunca se omite. Jesus ensinou as pessoas sobre "o dever de orar sempre e nunca desfalecer" (Lc 18.1). Paulo disse aos cristão: "Perseverai em oração, velando nela com ação de graças" (Cl 4.2). Tiago declarou: "Está alguém entre vós aflito? Ore" (Tg 5.13).

Em vez de preocupar-se com algo, ore. Por tudo? Trocas de fraldas e datas? Reuniões de negócio e chuveiros com defeito? Adiamentos e prognósticos? Ore por todas as coisas. "... as vossas petições sejam em tudo conhecidas diante de Deus" (Fp 4.6).

Quando moramos no Rio de Janeiro, eu costumava levar minhas filhas para passearem de ônibus. Por alguns centavos, percorríamos a cidade toda. Pode parecer entediante para nós, mas se você tivesse dois anos de idade, um dia como esse provocaria emoções da Copa do Mundo. As meninas não faziam nada durante a viagem. Eu fazia sinal para o ônibus, carregava a mochila e escolhia o percurso. Meu único pedido era este: "Fiquem perto de mim". Por quê? Eu conhecia os tipos de pessoas que poderiam entrar em um ônibus. E Deus me livre de que minhas filhas e eu ficássemos separados.

Nosso Pai faz o mesmo pedido. "Fiquem perto de mim. Conversem comigo. Orem a mim. Respirem em mim e desabafem suas preocupações." A preocupação diminui à medida que olhamos para cima. Deus sabe o que pode acontecer nesta jornada, e quer nos levar ao lar.

Ore por tudo.

E não deixe de lado o ingrediente da gratidão. "As vossas orações sejam em tudo conhecidas diante de Deus, pela oração e súplicas, com ação de graças."

Faça o que o pastorzinho Davi fez quando enfrentou Golias. Davi não se escondeu diante da força do gigante. Ele concentrou-se no sucesso de Deus. Quando Saul se recusou a deixá-lo pelejar com Golias, Davi apresentou o histórico de Deus.

> Então, disse Davi a Saul: Teu servo apascentava as ovelhas de seu pai; e vinha um leão ou um urso e tomava uma ovelha do rebanho, e eu saía após ele, e o feria, e a livrava da sua boca; e, levantando-se ele contra mim, lançava-lhe mão da barba, e o feria, e o matava. Assim, feria o teu servo o leão como o urso; assim será este incircunciso filisteu como um deles; porquanto afrontou os exércitos do Deus vivo. Disse mais Davi: O Senhor me livrou da mão do leão e da do urso; ele me livrará da mão deste filisteu. Então, disse Saul a Davi: Vai-te embora, e o Senhor seja contigo" (1 Sm 17.34-37).

Você está com medo de um gigante? Então se recorde do leão e do urso. Não olhe adiante com medo; olhe para trás com gratidão. A prova de Deus é o passado dEle. O esquecimento gera medo, porém uma boa lembrança motiva um bom coração.

Isso funciona mais ou menos da seguinte forma. Digamos que uma tensão surja em seu caminho. Sua médica decide que você precisa de uma cirurgia. Ela detectou um nódulo e acha melhor removê-lo. Ali está você, saindo do consultório dela. Você acabou de receber uma xícara de ansiedade. O que vai fazer com isso? Você pode escolher entre duas panelas para colocá-la.

Você pode despejar suas notícias ruins na panela da preocupação e retirar a colher. Acenda o fogo. Deixe ferver. Mexa. Lamente-se por um momento. Passe algum tempo se preocupando. Logo, logo você terá uma panela de pessimismo. Alguns de você têm bebido aos poucos do conteúdo desse recipiente. Seus amigos e sua família me pediram para dizer-lhe que isso está consumindo você.

Que tal uma idéia diferente? A panela da oração. Antes que a porta do consultório médico se feche, entregue o problema a Deus. "Eu aceito o seu senhorio. Nada me acontecerá sem a sua permissão."

Além disso, misture uma saudável porção de gratidão. Você não se lembra de um leão ou de um urso, mas lembra-se do dinheiro que foi devolvido, do conselho oportuno, ou do repentino lugar disponível em um vôo reservado. Um rápido olhar no passado produz força para o futuro.

Sua parte é orar e agradecer. A parte de Deus? Paz e proteção. "E a paz de Deus, que excede todo o entendimento, guardará os vossos corações e os vossos sentimentos em Cristo Jesus" (Fp 4.7).

Orações confiantes prenunciam a paz de Deus. Não uma paz aleatória, nebulosa, terrena, mas a paz dEle. Importada do céu. A mesma tranqüilidade que marca a sala do trono, Deus oferece a você.

Você acha que Ele luta com a ansiedade? Supõe que Ele estale os dedos ou peça antiácido aos anjos? É claro que não. Para Deus, um problema não é um desafio maior que um broto para um elefante. Deus possui a perfeita paz porque possui o perfeito poder.

E Ele nos oferece sua paz. Uma paz que "guardará os [nossos] corações e os [nossos] sentimentos em Cristo Jesus". Paulo emprega uma metáfora militar aqui. Os filipenses, vivendo em uma cidade ocupada por tropas, estavam acostumada aos guardas romanos que permaneciam em sentinela. Antes de qualquer inimigo entrar, tinha de passar pelos guardas. Deus lhe dá o mesmo. Sua paz sobrenatural protege você como um refúgio, guardando o seu coração.

Depois de dois anos, a biosfera no Arizona provou ser um fracasso total. O equilíbrio biológico entre as plantas tornou-se confuso. O oxigênio diminuiu perigosamente. Os pesquisadores brigavam entre si. Formigas corriam furiosamente e dominaram a maior parte dos outros bichos. A experiência falhou, e o edifício foi abandonado.

Todavia, o refúgio de Deus permanece. Precisamos apenas nos abrigar nele. Você está confuso? "Lancem sobre ele toda a sua ansiedade, porque ele tem cuidado de vocês" (1 Pe 5.7 – NVI). Que verbo forte. *Lançar.* Não *colocar*, *pôr* ou mesmo *entregar ocasionalmente*. Pedro utilizou o mesmo verbo que os escritores dos Evangelhos usaram para descrever a maneira como Jesus tratou os demônios. Ele os lançou fora. Uma mão cheia de autoridade no colarinho, outra no cinto, e um "Não volte mais". Faça o mesmo com seus medos. Fale sério com eles. Imediatamente, lance-os a Deus.

Preocupar-se é uma alternativa, não uma obrigação. Deus pode levá-lo a um mundo livre de preocupações. Faça logo uma oração. Concentre-se menos nos problemas a sua frente e mais nas vitórias por trás deles. Faça a sua parte, e Deus fará a dEle. Ele guardará o seu coração com a sua paz... uma paz que ultrapassa o entendimento.

12 Anjos Guardando Você

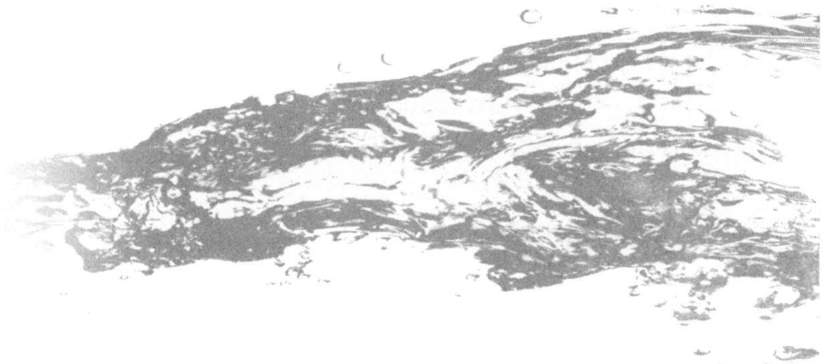

Quando Jake Porter, com dezessete anos de idade, entrou no campo de futebol americano, ambos os times aplaudiram. Estranho agirem assim. Em três anos na equipe NorthWest High, ele raramente sujou um uniforme. No McDermott, Ohio, os fãs nunca viram Jake tomar a bola ou cometer uma falta. Nem o tinham visto ler um livro ou escrever mais que uma frase. Crianças com a síndrome do cromossomo X frágil, uma causa comum de retardamento mental, raramente o fazem.

Contudo, Jake amava esportes. Todos os dias, depois das aulas de educação especial, ele ia depressa para alguma prática: caminhada, beisebol, basquete. Nunca faltava. Nunca jogava também.

Até o jogo com o Waverly.

O técnico de Jake tomou a decisão antes do pontapé inicial. Se um placar favorável tornasse os minutos finais supérfluos, Jake entraria. Foi o que aconteceu. Com cinco minutos restando no cronômetro, seu time estava em grande vantagem. E o técnico pediu tempo e foi conversar com o técnico adversário. Enquanto ele ouvia o plano, começou a balançar a cabeça e sacudir as mãos. Ele discordava de alguma coisa. O juiz interveio, e a partida recomeçou.

O zagueiro pegou a bola e lançou para Jake. Ele sabia o que fazer: ajoelhar-se e esperar o tempo passar. Eles haviam praticado isso durante toda a semana. Porém, para sua surpresa, os jogadores não iriam deixar isso acontecer. Seus companheiros de equipe disseram-lhe para correr. Então ele correu. Na direção errada. E o juiz o fez voltar.

Foi então que a defesa dos Waverly fez sua parte. O técnico visitante, até a mudança, não fez objeções ao jogo. Ele estava feliz por Jake Porter levar a bola, mas não por ele ficar apenas esperando o tempo passar. Queria que Jake marcasse um ponto. Os jogadores do Waverly se dividiram como o mar Vermelho diante de Moisés, e gritaram para Jake correr. Foi o que ele fez. Sorrindo e saltando ao longo do percurso até marcar um ponto.

Ambos os lados comemoraram. Mães choravam, líderes de torcidas organizadas gritavam, e Jake sorria como se tivesse ganhado na loteria sem ter comprado o bilhete.[1]

Com que freqüência tais coisas acontecem? De acordo com a Bíblia, mais freqüentemente do que você poderia imaginar. Na verdade, o que a equipe de Jake fez por ele, o Senhor do universo faz por você todos os dias de sua vida. E você deveria ver o time que Ele comanda.

> Os anjos cuidam de seus lugares veneráveis —
> Mova uma pedra, e eles entram em ação!
> São vocês que não percebem
> as coisas esplêndidas para muitos.[2]

Você já viu os anjos? Com cerca de trezentas referências bíblicas, esses servos celestiais ocupam um papel inquestionável na Bíblia. Se você crê na Palavra de Deus, tem de acreditar nos anjos. Ao mesmo tempo, você é confundido por eles. O estudo dos anjos é como observar baleias. Os anjos aparecem apenas o suficiente para nos dar um vislumbre e levantarmos uma questão, mas logo depois eles desaparecem antes que possamos vê-los por completo.

Uma coisa é certa: descrições bíblicas e contemporâneas dos anjos não combinam. Em certos anúncios, os anjos são apresentados como fadas com asas transparentes. Eles existem para nos fazer favores — a versão celestial do gênio da lâmpada que encontram vagas para estacionarmos, chaves perdidas e gatos desaparecidos. Estale os dedos e "puf", eles aparecem. Estale novamente, e eles vão embora.

Não se parece com a imagem bíblica. Dois adjetivos captam a grande verdade sobre os anjos: *muitos* e *poderosos*.

Multidões de anjos povoam o mundo. Hebreus 12.22 fala de "muitos milhares de anjos". Judas declarou: "O Senhor virá com muitos milhares dos seus anjos para julgar todos" (vv. 14,15 – NTLH).O inspirado rei Davi escreveu: "Os carros de Deus são vinte milhares, milhares de milhares. O Senhor está entre eles, como em Sinai, no lugar santo" (Sl 68.17). Quando se referiu ao monte Sinai, Davi estava pensando no tempo em que dez mil anjos desceram até o monte enquanto Deus entregava a lei a Moisés. "O Senhor Deus veio do monte Sinai... Com ele vieram milhares de anjos" (Dt 33.2).

Milhares de anjos esperavam o chamado de Cristo no dia da cruz. "Ou pensas tu que eu não poderia, agora, orar a meu Pai e que ele não me daria mais de doze legiões de anjos?" (Mt 26.53) Uma legião equivalia a seis mil soldados. Um cálculo rápido revela que setenta e dois mil hostes do céu (o suficiente para encher o Angel Stadium em Los Angeles mais de uma vez) permaneciam posicionados para resgatar seu Mestre. O livro de Apocalipse, repleto de vislumbres do mundo que há de vir, faz menção a anjos em volta do trono celestial: "... e era o número deles milhões de milhões e milhares de milhares" (Ap 5.11).

E não se esqueça da visão dada ao servo de Eliseu. Quando um exército ameaçava a vida de ambos, Eliseu pediu a Deus que abrisse os olhos do moço. "E orou Eliseu e disse: Senhor, peço-te que lhe abras os olhos, para que veja. E o Senhor abriu os olhos do moço, e viu; e eis que o monte estava cheio de cavalos e carros de fogo, em redor de Eliseu" (2 Rs 6.17).

Se Deus abrisse nossos olhos, o que veríamos? Mães e pais, vocês veriam anjos escoltando seus filhos até a escola. Viajantes, vocês veriam anjos ao redor do avião. Pacientes, vocês veriam anjos monitorando os movimentos do cirurgião. Adolescentes, vocês veriam anjos vigiando seu sono. Muitos, muitos anjos. Séculos atrás, John Milton escreveu: "Milhões de criaturas espirituais caminham invisíveis na terra, quando acordamos e quando nos deitamos".[3]

O poeta estava certo. "Mova uma pedra, e eles entram em ação."

Precisa de uma palavra para descrever os anjos? Comece com *muitos*.

Continue com *poderosos*. Asas transparentes e doçura de um merengue? Talvez para os anjos em um livro ou em lojas especializadas, mas os anjos de Deus são caracterizados por uma força indescritível. Paulo diz que Cristo virá "com os anjos do seu poder" (2 Ts 1.7). A partir da palavra traduzida como *poderosos*, temos o termo *dinâmico*. Os anjos possuem uma força dinâmica. Foi preciso apenas um anjo para aniquilar os primogênitos no Egito e um para fechar a boca dos leões e proteger Daniel. Davi chamou os anjos de "magníficos em poder" (Sl 103.20).

Não adianta você falar com os anjos; eles não escutam. Seus ouvidos se inclinam apenas à voz de Deus. Eles são "espíritos ministradores" (Hb 1.14), atendendo ao seu comando e seguindo somente suas direções. Jesus disse que eles "estão sempre vendo a face de meu Pai celeste" (Mt 18.10 – NVI). Apenas um som importa para os anjos — a voz de Deus. Apenas uma visão os atrai — a face de Deus. Eles sabem que Ele é o Senhor de tudo.

E como resultado, eles o louvam. Seja no Templo com Isaías, seja no campo com os pastores em Belém, os anjos louvam. "E todos os anjos de Deus o adorem" (Hb 1.6). Eles o fizeram e ainda o fazem.

Lembra-se da referência inicial a dez mil vezes dez mil anjos ao redor do trono no céu? Sabe o que estavam fazendo? "E todos os anjos estavam ao redor do trono... dizendo: Amém! Louvor, e glória, e sabedoria, e ações de graças, e honra, e poder, e força ao nosso Deus, para todo o sempre. Amém!" (Ap 7.11,12).

O louvor deles não proclama a grandeza da formosura de Deus? Os anjos podiam admirar o Grand Tetons e o Grand Canyon, as pinturas de Picasso e a Capela Sistina, mas escolheram, em vez disso, fixar os olhos na glória de Deus. Ele não podem vê-lo o suficiente, e não podem ficar em silêncio diante do que vêem.

No exato momento em que você lê essas palavras, os imaculados servos de Deus oferecem louvor incessante ao seu criador. Eles foram, lembre-se, criados por Deus. Em determinado momento, nenhum anjo existia. E então, pelo decreto de Deus, eles surgiram. "Porque nele foram criadas todas as coisas que há nos céus e na terra, visíveis e invisíveis, sejam tronos, sejam dominações, sejam principados, sejam potestades; tudo foi criado por ele e para ele" (Cl 1.16). Os anjos fazem parte da criação invisível de Deus.

Eles o louvam, e — aqui está algo para os corações sedentos — nos protegem. "Não são, porventura, todos eles espíritos ministradores, enviados *para servir a favor daqueles que hão de herdar a salvação*?" (Hb 1.14, ênfase minha)

Um de meus amigos recentemente fez uma viagem missionária emocionante ao Vietnã. Ele e dois companheiros partiram para "contrabandear" bíblias e dinheiro para os cristãos dali. Ao desembarcarem, porém, separou-se dos outros dois. Ele não falava o idioma e nunca havia ido a Hanói. Imagine seus pensamentos, então, enquanto parou em frente ao aeroporto, segurando uma mala com bíblias e dinheiro, e sem saber nada além do nome do hotel onde ficaria.

Taxistas após taxistas ofereceram seus serviços, mas ele esperou e orou. Por fim, sabendo que precisava fazer alguma coisa, entrou em um táxi e falou o nome do hotel. Após uma hora e milhares de voltas, ele se viu no local designado. Pagou o taxista e seguiu seu caminho.

Tudo bem, "eles" dirigiam. O banco da frente de seu táxi estava ocupado por dois homens. Somente mais tarde é que a singularidade desse fato o impressionou. Ele viu centenas de táxis durante os dias que passou no Vietnã, mas nenhum com dois motoristas.

Um detalhe insignificante? É possível.

Um indício afirmativo? Igualmente possível. Talvez ele não tenha sido levado em segurança por motoristas vietnamitas, mas por uma carruagem de mensageiros celestiais. Seus companheiros chegaram, mas só depois de conduzidos por outro taxista. Deus ordenou que uma dupla dinâmica protegesse meu amigo?

Certamente, Ele enviou um poderoso protetor para Sadraque, Mesaque e Abede-Nego. O rei Nabucodonosor ordenou que a fornalha fosse aquecida sete vezes mais que o normal e eles fossem lançados ali. O rei olhou, esperando ver um trio de miséria; em vez disso, os três homens estavam em excelente companhia. Um visitante parou perto deles em meio às chamas. "E o rei exclamou: 'Olhem! Estou vendo quatro homens, desamarrados e ilesos, andando pelo fogo, e o quarto se parece com um filho dos deuses'" (Dn 3.25 – NVI). Um anjo atendeu ao povo de Deus.

E veja Pedro, dormindo num catre no corredor da morte em uma prisão em Jerusalém. Uma palavra de Herodes e sua cabeça rolaria. Todos os esforços terrenos para salvá-lo haviam chagado ao fim. Os esforços celestiais, entretanto, não. Um anjo não só acordou Pedro, mas também o conduziu para fora! O pescador desfrutou de uma cobertura como Jake Porter. "E eis que sobreveio o anjo do Senhor, e resplandeceu uma luz na prisão; e, tocando a Pedro no lado, o despertou, dizendo: Levanta-te depressa! E caíram-lhe das mãos as cadeias" (At 12.7).

Anjos servem ao povo de Deus. "Porque [Deus] a seus anjos dará ordem a teu respeito, para te guardarem em todos os teus caminhos" (Sl 91.11).

Billy Graham nos lembra: "Se você crê, espere que anjos poderosos o acompanhem em sua experiência de vida".[4] Mas, e se você não crê? Os anjos oferecem a mesma vigilância aos inimigos de Deus? Não. A promessa da proteção angelical limita-se aos que confiam em Deus. "Não são, porventura, todos eles espíritos ministradores, enviados para servir a favor daqueles que hão de herdar a salvação?" (Hb 1.14) Davi fala dessa cobertura restrita: "O anjo do Senhor acampa-se ao redor *dos que o temem*, e os livra" (Sl 34.7, ênfase minha). Rejeite a Deus, e corra os riscos da falta de proteção. Mas receba sua soberania, e tenha a garantia de que muitos anjos poderosos o guardarão em todos os seus caminhos.

"O anjo do Senhor acampa-se ao redor dos que o temem, e os livra." Ele não acena durante um vôo passageiro; ele acampa-se, fica por muito tempo, mantém vigilância. Você caminha sob o cuidado de seres celestiais. Deixe essa verdade reduzir o nível de sua ansiedade! A pessoa mais rica do mundo não tem a proteção que os servos de Deus lhe dão.

Os anjos não só lhe prestam serviços; eles amam fazer isso! "Os mensageiros do evangelho, que falaram pelo poder do Espírito Santo, mandado do céu, anunciaram a vocês essas verdades. Essas são coisas que até os anjos gostariam de entender" (1 Pe 1.12 – NTLH). Anjos maravilhados contemplam os dons que Deus lhe tem dado. O Espírito Santo habita nos anjos? Não. Mas Ele habita em você. Os anjos são gratos a Deus pela salvação? Não, eles nunca estiveram perdidos. Mas você estava. Cristo se tornou um anjo? Não. Mas tornou-se homem. E os anjos temeram quando Ele o fez. Anjos louvavam enquanto assistiam ao seu nascimento. Anjos em expectativa testemunharam sua morte. Anjos emocionados anunciaram sua ressurreição. Anjos atentos observavam a obra da igreja. "A intenção dessa graça era que agora, mediante a igreja, a multiforme sabedoria de Deus se tornasse conhecida dos poderes e autoridades nas regiões celestiais" (Ef 3.10 – NVI).

A obra de Deus em você deixa ao anjos de olhos arregalados e aplaudindo. Jesus disse que "há alegria diante dos anjos de Deus por um pecador que se arrepende" (Lc 15.10). Quando os anjos se reúnem para conversar, falam sobre a igreja.

"Você viu o que está acontecendo na Nigéria?"

"Os australianos estão avançando a passos largos."

"Hei, acabei de chegar de Nova Iorque. Deixe-me contar-lhes algo sobre os cristãos no Bronx."

O escritor do livro de Hebreus descreve uma "grande nuvem de testemunhas" (Hb 12.1). Certamente os anjos fazem parte dela.

Deus envia suas melhores tropas para cuidar de sua vida. Imagine o presidente designando seu serviço secreto para proteger você, dizendo aos agentes para escoltar seu carro no trânsito e defendê-lo em meio a multidões. Como você dormiria se soubesse que os melhores do país estariam em guarda na sua porta? Como você dormirá sabendo que os melhores do céu estão fazendo isso? Você não está sozinho. Receba a soberania de Deus em sua vida. Os muitos e poderosos anjos do céu zelam por você.

E quando você atingir o alvo, eles serão os primeiros a aplaudir.

13
Deus como o seu Protetor

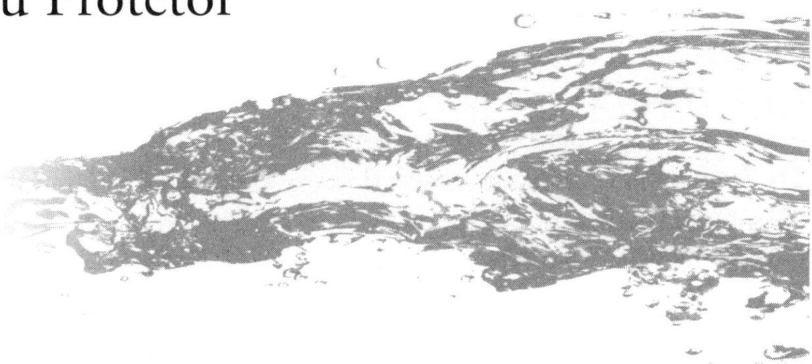

Será que li mesmo o que estou pensando? Dirigi em volta do quarteirão para olhar novamente. O anúncio, fixado em um poste, tinha um aspecto de que fora feito no computador de casa: papel amarelo e letras grandes. Nossos vizinhos, como os seus, imprimem e divulgam todos os tipos de propaganda. A presença do anúncio não me surpreendeu, mas as palavras sim.

Procura-se: Porco barrigudo

Dois números de telefone apareciam logo abaixo: um para ligações durante o dia e outro para telefonemas à noite. Eu nunca tinha visto um anúncio assim. Outros parecidos, com certeza.

Procura-se: Cão de caça preto

Procura-se: Skate psicodélico

Procura-se: Broche de ouro

Porém, "Procura-se: Porco barrigudo"? Quem perde um porco? Quem possui um porco? Você consegue imaginar os cuidados diários com um porco? (Denalyn diz que sim.) Donos de porcos convidam os amigos presentes em um jantar para afagar o porco? Colocam uma placa no portão dizendo: "Porco barrigudo no quintal"? Donos de porcos devem fazer parte de uma raça especial.

Ainda mais aqueles que resgatam porcos. O anúncio pressupõe um momento curioso. Alguém localiza um porco caminhando com dificuldade pela calçada. "Pobrezinho. Venha cá porquinho, porquinho, porquinho. A rua não é lugar para um suíno solitário. Vou levá-lo para casa."

Imagine que um aparecesse em frente a sua casa. Ao ouvir um barulho na porta da frente, você a abriria? Eu não. Broche de ouro? Com certeza. Pastor alemão? É claro. São Bernardo? Conte comigo por algumas noites e cartazes pela vizinhança. Mas um porco barrigudo? Me desculpe. Eu o deixaria na estrada de Jericó.

Não reivindicaria um. Mas Deus iria. Ele o fez quando nos requereu.

Achamos que Deus se importa apenas com os "puros-sangues" do mundo. Quando Deus vê poodles franceses e cães dinamarqueses perdidos nas ruas, Ele abre sua porta. Mas e quanto a nós? Estamos propensos a ficar perdidos também. Estamos longe de casa. Será que permitimos a supervisão dEle?

O Salmo 91 nos dá um entusiástico "sim"! Se você precisa conhecer a natureza e a extensão da soberania de Deus, abrigue-se debaixo dos vastos ramos da poesia de Davi.

> Aquele que habita no esconderijo do Altíssimo, à sombra do Onipotente descansará. Direi do Senhor: Ele é o meu Deus, o meu refúgio, a minha fortaleza, e nele confiarei. Porque ele te livrará do laço do passarinheiro e da peste perniciosa. Ele te cobrirá com as suas penas, e debaixo das suas asas estarás seguro; a sua verdade é escudo e broquel. Não temerás espanto noturno, nem seta que voe de dia, nem peste que ande na escuridão, nem mortandade que assole ao meio-dia. Mil cairão ao teu lado, e dez mil, à tua direita, mas tu não serás atingido. Somente com os teus olhos olharás e verás a recompensa dos ímpios.
>
> Porque tu, ó Senhor, és o meu refúgio! O Altíssimo é a tua habitação. Nenhum mal te sucederá, nem praga alguma chegará à tua tenda. Porque aos seus anjos dará ordem a teu respeito, para te guardarem em todos os teus caminhos. Eles te sustentarão nas suas mãos, para que não

> tropeces com o teu pé em pedra. Pisarás o leão e a áspide; calcarás aos pés o filho do leão e a serpente.
> Pois que tão encarecidamente me amou, também eu o livrarei; pô-lo-ei num alto retiro, porque conheceu o meu nome. Ele me invocará, e eu lhe responderei; estarei com ele na angústia; livrá-lo-ei e o glorificarei. Dar-lhe-ei abundância de dias e lhe mostrarei a minha salvação (Sl 91.1-16).

Dezesseis versículos colaboram para formar uma imagem: Deus como o seu protetor. Não quero que você perca esse ponto: Deus oferece mais do que a possibilidade de proteção ou algo parecido. Deus guardará você? O céu se importa com sua serenidade. A presença de Deus reveste sua vida. Separando você do mal está Deus, seu protetor.

Durante o escândalo Clinton-Lewinsky, o promotor público principal, Kenneth Starr, falou em nossa igreja. Por causa dos dias intensos, uma dupla de agentes federais durões monitorava todos os seus movimentos. Um andava na frente, e o outro, atrás dele. No intervalo entre os cultos, eles silenciosamente julgavam todas as pessoas, mesmo as bem intencionadas. Enquanto Starr sentou-se na sala de espera, eles ficaram na porta, como se fossem a versão americana da guarda britânica. Quando perguntei se a presença deles o incomodava, Starr encolheu os ombros com indiferença e disse: Sabe, a proteção deles me conforta".

Muito mais a de Deus. Ele observa cada pessoa que vem em sua direção. Enquanto você caminha, Ele orienta. Enquanto você dorme, Ele vigia. "Ele te cobrirá com as suas penas, e debaixo das suas asas estarás seguro" (v. 4).

A imagem de viver sob a sombra do *El-Shaddai* me faz lembrar de um piquenique interrompido pela chuva. Meus colegas e eu escapamos por pouco de uma tempestade no Oeste do Texas antes que ela atingisse o parque onde estávamos passando uma tarde de sábado. Quando estávamos saindo, meu amigo parou o carro repentinamente e apontou para uma terna cena no chão. Um pássaro mãe estava exposto à chuva, com as asas abertas sobre os filhotinhos que haviam caído do ninho. A impetuosa tempestade a impedia de voltar à árvore, então ela cobriu os filhotes até que o vento cessasse.

De quantos vendavais Deus o tem protegido? Suas asas, neste momento, estão cobrindo você. Uma crítica caluniosa vindo em direção a sua mesa é interrompida por um telefonema. Um ladrão a caminho de sua casa tem um pneu furado. O carro de um motorista bêbado fica sem gasolina antes que você passe por ele. Deus, seu protetor, o protege

"do laço do passarinheiro" (v. 3);

"da peste perniciosa" (v. 3);

"[da] peste que ande na escuridão" (v. 6);

"[do] espanto noturno... [da] seta que voe de dia" (v. 5).

Uma tradução corajosamente promete: "nenhum desastre lhe acontecerá" (v. 10 – NTLH).

"Então por que isso acontece?", alguém questiona. "Explique minha transferência no trabalho. Ou o sujeito que se diz meu pai. Ou a morte de nossos filhos." Aqui é onde os pensamentos de porcos barrigudos vêm à tona. Deus protege malamutes do Alaska e cães de caça ingleses, mas pessoas como eu? Talvez seu cubo de Rubik tenha um lado que não funcione. Se Deus é seu protetor, por que coisas ruins acontecem conosco?

Acontecem? Coisas ruins *realmente* acontecem? Você e Deus podem ter definições diferentes para a palavra *ruim*. Pais e filhos têm. Veja a palavra *ruim* no dicionário de um adolescente e você verá definições como "espinhas no nariz", "uma noite de sexta-feira sozinho" ou "prova de geometria". "Pai, isso é muito ruim", diz o jovem. O pai, que já passou por tudo isso, pensa de forma diferente. As espinhas desaparecem. E não vai demorar muito para você gostar de uma noite tranqüila em casa. Inconveniência? Sim. Infortúnio? Certamente. Mas *ruim*? Guarde esse adjetivo para salas de emergência e cemitérios.

O que é ruim para uma criança nem sempre o é para um pai.

O que você e eu podemos classificar como um desastre absoluto, Deus pode considerar como um problema semelhante a uma espinha que logo vai desaparecer. Ele vê sua vida da mesma maneira que você assiste a um filme depois de ter lido um livro. Quando algo ruim acontece, as outras pessoas suspiram por causa do momento decisivo na cena. Mas você não. Por quê? Você já leu o livro; sabe como os mocinhos escaparão das dificuldades. Deus vê sua vida com a mesma confiança. Ele não só já leu sua história... Ele a escreveu. Sua perspectiva é diferente, e seu propósito é claro.

Deus usa as lutas para fortalecer nossa vida espiritual.

"Meus irmãos, tende grande gozo quando cairdes em várias tentações, sabendo que a prova da vossa fé produz a paciência. Tenha, porém, a paciência a sua obra perfeita, para que sejais perfeitos e completos, sem faltar em coisa alguma" (Tg 1.2-4).

Uma das curas de Deus para uma fé fraca? Uma boa, saudável batalha. Anos atrás, nossa família visitou a Colonial Williamsburg, uma recriação dos Estados Unidos do século XVIII em Williamsbrug, Virgínia. Se você fizer uma visita, preste especial atenção à obra dos artesãos que trabalham com prata. O artesão coloca uma barra de prata fundida em uma bigorna e malha o metal com uma marreta. Assim que o metal fica liso o bastante para ser modelado, vai para o forno. O trabalhador aquece e malha alternadamente o metal até que adquira a forma de uma ferramenta que ele possa utilizar.

Aquecer, malhar.

Aquecer, malhar.

Prazos, negócios.

Argumentos, desrespeito.

Sirenes barulhentas, telefones silenciosos.

Aquecer, malhar.

Aquecer, malhar.

Deus é assim. Quando o artesão está satisfeito com a forma de sua ferramenta, começa a aplainar e lixar. Usando martelos menores e lixas abrasivas, ele bate, esfrega e enfeita. E Ninguém o interrompe. Ninguém arranca o martelo de suas mãos e diz: "Vá com calma com essa prata. Você já malhou o bastante!" Não, o artesão golpeia o metal até que tenha concluído seu trabalho. Disseram-me que alguns artesãos continuam polindo até que possam ver seu rosto na ferramenta. Quando

Deus vai parar de trabalhar em você? Quando o rosto dEle se refletir em você. "O Senhor *aperfeiçoará* o que me concerne" (Sl 138.8, ênfase minha). Jesus disse: "Meu Pai trabalha até agora" (Jo 5.17).

Deus protege aqueles que se voltam a Ele. Os golpes que você sente não sugerem que Ele esteja distante, mas provam sua proximidade. Confie em sua soberania. Ele não merece sua confiança?

Ele já disse alguma palavra que foi comprovadamente falsa? Fez alguma promessa mentirosa? Décadas seguindo ao Senhor levaram Josué à seguinte conclusão: "Palavra nenhuma falhou de todas as boas palavras que o Senhor falara à casa de Israel; tudo se cumpriu" (Js 21.45). Veja a palavra *confiança* no dicionário do céu e leia sua definição em uma única palavra: Deus. "Se formos infiéis, ele permanece fiel; não pode negar a si mesmo" (2 Tm 2.13).

Tente fazer uma lista dos erros dEle. Bem curta, não é? Ou melhor, sem nenhum item. Agora faça uma lista das vezes que Ele perdoou seus erros. Quem na terra pode bater esse recorde? "Fiel é o que vos chama, o qual também o fará" (1 Ts 5.24).

Você pode depender dEle. Ele é "o mesmo ontem, e hoje, e eternamente" (Hb 13.8). E porque Ele é Senhor, "haverá estabilidade nos teus tempos" (Is 33.6).

Confie nEle. "No dia em que eu temer, hei de confiar em ti" (Sl 56.3). Junte-se a Isaías, que decidiu: "... eu confiarei e não temerei" (Is 12.2).

Deus está dirigindo seus passos e deleitando-se com cada detalhe de sua vida (Sl 37.23,24). Não importa quem você é. Porco barrigudo ou puro-sangue campeão? Deus não vê diferença. Mas Ele vê você. Na verdade, é o carro dEle que está encostando na calçada. Deus está abrindo a porta. E você se senta no banco do carona.

Está vendo, você não se sente mais seguro por saber que Ele está no controle?

Parte 4

Receba seu Amor

14
Indo mais Fundo

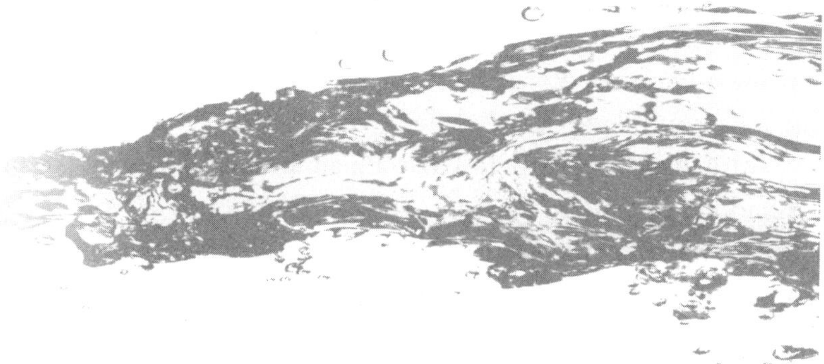

Pipín Ferreras quer ir mais fundo, mais do que qualquer pessoa já tenha ido. Você e eu ficamos satisfeitos com 3 ou 6 metros de profundidade. Certos aventureiros descem 12 metros, até 15 metros. Mas não Pipín. Esse legendário mergulhador cubano já desceu cerca de 160 metros nas águas oceano, equipado com nada mais pés-de-pato, um macacão de mergulho, uma profunda decisão e um fôlego de ar.

Sua viagem de ida e volta durou três minutos e doze segundos. Para se preparar para um mergulho desses, ele encheu seus pulmões de ar com aproximadamente duas vezes a capacidade de um ser humano normal, inspirando e expirando por vários minutos, sua traquéia soando como uma bomba de encher pneu. Então ele prende seus joelhos em uma barra em um trenó de alumínio que o leva ao fundo do mar.[1]

Nenhum mergulhador voluntário foi mais longe. Mesmo assim, ele ainda quer mais. Embora esteja acostumado com a pressão da água que testou submarinos para a Segunda Guerra Mundial, não é suficiente. O mistério das profundezas o atrai. Ele quer ir mais fundo.

Posso deixá-lo interessado em um similar mergulho capaz de fazer estourar os ouvidos? Não nas águas do oceano, mas no ilimitado amor de Deus.

Para que Cristo habite, pela fé, no vosso coração; a fim de, estando arraigados e fundados em amor, poderdes perfeitamente compreender, com todos os santos, qual seja a largura, e o comprimento, e a altura, e a profundidade e conhecer o amor de Cristo, que excede todo entendimento, para que sejais cheios de toda a plenitude de Deus (Ef 3.17-19).

Quando Paulo quer descrever o amor de Deus, não consegue evitar a palavra *profundo*. Esteja arraigado e fundado em amor (v. 17). Descubra a profundidade do amor de Deus (v. 18).

Visualize Ferreras bem baixo da superfície do oceano. Tendo mergulhado o equivalente a cinco andares, para onde ele pode se voltar e não ver água? Para a direita, para esquerda, acima dele, abaixo dele — a consistência comum de seu mundo é água. A água define seus mergulhos, dita sua direção, libera-o, limita-o. Seu mundo é água.

Uma pessoa pode ir a uma profundidade equivalente no amor de Deus? Descer tão fundo que não veja nada mais? David Brainerd, o missionário entre os índios americanos no século XVIII, diria que sim. Ele relatou:

> Fui ao meu lugar usual de retiro, em grande tranqüilidade. Sabia apenas sussurrar meu desejo por uma perfeita conformidade com Ele em todas coisas. Deus era tão precioso que o mundo com todos os seus prazeres parecia infinitamente vil. Meu desejo pelo favor dos homens não era maior do que por pedras.
>
> À noite eu sentia os mais ardentes anseios por Deus que eu jamais sentira em minha vida.
>
> Em meu retiro secreto, eu não conseguia fazer nada além de dizer ao meu querido Senhor em uma doce calma que eu não desejava nada além dEle, nada além de santidade, que Ele me dera esses desejos e somente Ele poderia supri-los.
>
> Nunca tive a sensação de estar tão independente de mim mesmo, e tão inteiramente dedicado a Deus.
>
> Meu coração ficava absorvido em Deus a maior parte do dia.[2]

Para quem deseja mergulhar em tal amor, as Escrituras oferecem uma âncora. Agarre-se a esse versículo e deixe-o levá-lo para o fundo: "Deus é amor" (1 Jo 4.16 – ARA).

Uma palavra nesta passagem revela a suprema surpresa do amor de Deus — não tem nada a ver com você. Os outros podem amá-lo por quem você é, pelas covinhas em seu rosto quando sorri ou por causa do seu charme. Algumas pessoas podem amá-lo por sua causa. Mas Deus não. Ele o ama porque Ele é Ele, porque decidiu amá-lo. Auto-existente, sem princípio e espontâneo, seu nível constante de amor depende de sua própria escolha em concedê-lo. "O Senhor não se afeiçoou a vocês nem os escolheu por serem mais numerosos do que outros povos, pois vocês eram o menor de todos os povos. Mas foi porque o Senhor os amou" (Dt 7.7,8 – NVI).

Você não influencia o amor de Deus. Você não pode influenciar a essência de uma árvore, o estado do céu ou a condição de uma rocha. Nem pode afetar o amor de Deus. Se pudesse, João teria usado mais tinta: "Deus é amor *ocasional*" ou "amor *esporádico*" ou "amor *nos bons momentos*". Se suas ações alterassem sua devoção, então Deus não seria amor; na verdade, seria humano, pois isso é amor humano.

E você já tem o suficiente de amor humano. Não tem? Rapazes a cortejando o suficiente com uma sinceridade artificial. Anúncios suficientes lhe dizendo que o verdadeiro amor está ultrapassado. Expectativas suficientes de chefes, parente e pastores. Suficientes manhãs com o cheiro semelhante ao amor que você estava buscando na noite anterior.

Você não precisa de uma fonte de amor que nunca seque? Você encontrará uma no monte fora dos muros de Jerusalém onde Jesus, usando uma coroa de espinhos, foi crucificado. Quando não se sentir amado, suba essa montanha. Medite por algum tempo no amor celestial por você. Olhos fechados por causa do inchaço, ombros mais triturados do que carne moída, lábios cortados e cheios de sangue. Pedaços da barba arrancados de seu rosto. Suspiros escapando de seus pulmões. Enquanto observa atentamente o rosto ensangüentado do Filho unigênito do céu, lembre-se disso: "Mas Deus prova o seu amor para conosco em que Cristo morreu por nós, sendo nós ainda pecadores" (Rm 5.8).

Não confie em outros padrões de medida. Fazemos isso com freqüência. Ver a saúde ou o sucesso nos impele a concluir o seguinte: *Deus realmente deve amar essa pessoa. Ela tem sido tão abençoada com saúde, dinheiro, boa aparência e habilidade.*

Ou gravitamos para o outro extremo. Sozinhos e debilitados em um leito de hospital, deduzimos: *Deus não me ama. Como Ele poderia? Olhe para mim.*

Rejeite tais pensamentos! O sucesso indica o amor de Deus não mais que as lutas indicam sua ausência. O padrão definitivo, sancionado por Deus, não é um bom dia ou um acontecimento ruim, mas os últimos momentos de vida de seu Filho. Considere-os com freqüência. Deixe os intervalos entre as idas à cruz diminuírem diariamente. Descubra o que Brainerd queria dizer quando declarou: "Meu coração ficava absorvido em Deus a maior parte do dia". Aceite esse convite de Jesus: "Permanecei no meu amor" (Jo 15.9).

Quando você permanece em algum lugar, você vive lá. Torna-se familiarizado com a vizinhança. Você não adentra os portões e pergunta: "Onde é a garagem?" você não consulta a planta para saber onde é a cozinha. Permanecer é estar em casa.

Permanecer no amor de Cristo é fazer do amor dEle o seu lar. Não uma pousada de beira de estrada ou um quarto de hotel que você visita ocasionalmente, mas sua habitação preferida. Você descansa e se alimenta nele. Quando trovões estrondam, você se protege sob o seu teto. Suas paredes o protegem dos ventos. Sua lareira o aquece dos ventos da vida. Como João destacou: "Todo aquele que permanece no amor permanece em Deus, e Deus nele" (1 Jo 4.16). Você abandona a velha casa de falso amor e se muda para seu lar de amor verdadeiro.

Adaptar-se a essa nova casa leva tempo. Nas primeiras noites na casa nova, você pode acordar e andar em direção a uma parede. Aconteceu comigo. Não em uma casa nova, mas em um hotel. Saí da cama para pegar um copo de água, virei à esquerda e achatei meu nariz. As dimensões do quarto eram diferentes.

As dimensões do amor de Deus são diferentes também. Você passou a vida em uma casa de amor imperfeito. Você acha que Deus vai cortá-lo do time como o técnico fez, ou abandoná-lo como seu pai, ou julgá-lo como fazem as falsas religiões, ou amaldiçoá-lo como seu amigo fez. Ele não irá, mas gastamos algum tempo para nos convencermos disso.

Por esta razão, permaneça nEle. Permaneça em Cristo da mesma forma que um ramo se agarra à videira. De acordo com Jesus, o ramo fornece uma definição de *permanecer*. "Estai em mim, e eu, em vós; como a vara de si mesma não pode dar fruto, se não estiver na videira, assim também vós, se não estiverdes em mim" (Jo 15.4).

Um ramo já se soltou da videira? Somente quando está prestes a morrer. O ramo já parou de se nutrir? Não. Ele recebe nutrientes vinte e quatro horas por dia. Você diria que o ramo é dependente da videira? Eu diria. Se ramos participassem de seminários, o tema seria: "Segure-se: Segredos para Permanecer na Videira". No entanto, ramos não participam de seminários, porque isso exige soltar-se da videira, algo que se recusam a fazer.

Como é o seu desempenho no teste da videira? Você já se soltou do amor de Cristo? Está desnutrido? Já parou de beber de seu reservatório? Faça isso e corra o risco de ter um coração ressecado. Faça isso e espere uma existência de lombriga.

Fechando-se apertadamente contra o mundo, a lombriga pode suportar extensos períodos de seca. Essencialmente, ela fecha todos os sistemas. Liberando água até que esteja tão seca quanto um chumaço de algodão, a lombriga entra em um estado conhecido como anidrobiose, que quer dizer "vida sem água". Um quarto do peso de seu corpo é transformado em um material que envolve e protege seus órgãos internos. Então ela diminui cerca de 7% de seu tamanho normal e espera a estiagem.[3]

Cientistas afirmam que o homem não pode fazer isso. Não tenho muita certeza.

- A esposa de um amigo o deixou. "Agora que as crianças cresceram", anunciou, "é a minha vez de me divertir".
- Manchetes recentes falam sobre um homem que assassinou sua mulher e seus filhos. Sua justificativa? Se ele não pode tê-los, ninguém poderá.
- Os e-mails de ontem vieram de um bom homem com um persistente problema relacionado à pornografia. Ele não está convencido de que Deus possa perdoá-lo.

Androbiose do coração. Emoções aspiradas. Almas calejadas. Enrolada contra a falta de amor da vida. Dureza para sobreviver ao deserto árido. Não fomos feitos para viver dessa maneira. O que podemos fazer?

Do arquivo "Isso não vai acontecer" eu tirei e apresentei essa sugestão. Vamos fazer do controle de Cristo uma lei federal. Todos têm de fazer do amor de Deus o seu lar. Deixe isso juntamente ser estabelecido e por meio disto declarado.

Ninguém pode sair pelo mundo para começar o dia até que tenha ficado ao pé da cruz a fim de receber o amor de Deus.

Taxistas. Presidentes. Dentistas e motoristas de caminhão. Todos convocados a ficar na fonte do favor divino até que toda a sede seja saciada. Quero dizer uma satisfação total, até que não consiga beber nem mais uma gota. Todos os corações hidratados. Então, e só então, as pessoas teriam permissão para entrar nas rodovias interestaduais, laboratórios de biologia, salas de aula e salas de reunião do mundo.

Você não deseja ansiosamente a mudança que teríamos? Menos buzinas estridentes, mais crianças carinhosas e prestativas. Passaríamos por menos julgamentos e mais cumprimentos. O perdão aumentaria muito e rapidamente. Como você conseguiria negar uma segunda chance a alguém depois que sua vida fosse transformada em algo maravilhoso? Os médicos substituiriam prescrições de sedativos por meditação em trechos das Escrituras. "De seis em seis horas, reflita sobre a promessa de Deus: '*Com amor eterno eu te amei*'" (Jr 31.3, ênfase minha). E você pode ouvir as notícias? "Desde a implementação da lei do amor, a taxa de divórcios diminuiu, o número de crianças seqüestradas caiu e os políticos desfizeram seus partidos e decidiram trabalhar em conjunto."

Idéia extravagante? Concordo. O amor de Deus não pode ser legislado, mas escolhido. Escolha-o. Pelo bem de seu coração. Pelo bem de seu lar. Por Cristo e por você, escolha o amor. A oração é tão poderosa quanto simples: "Senhor, eu recebo seu amor. Nada pode me separar de seu amor".

Meu amigo Keith levou sua esposa, Sarah, a Cozumel, no México, para comemorar seu aniversário. Sarah gosta muito de mergulhar. Dê-lhe pés-de-pato, uma máscara e um tubo de respiração, e observe-a ir para o fundo. Ela nada para baixo, procurando os mistérios das profundezas.

A idéia de Keith em relação a mergulhos inclui pés-de-pato, uma máscara e um tubo de respiração, mas também uma prancha. A superfície o satisfaz.

Sarah, no entanto, o convenceu a mergulhar. Cerca de doze metros distante da praia, gritou para que ele nadasse até ela. Ele o fez. Os dois mergulharam na água onde ela lhe mostrou uma cruz submersa de aproximadamente seis metros de altura. "Se eu tivesse mais algum fôlego, a visão o teria levado."

Jesus acena para que você desça e veja o mesmo. Esqueça as visões da superfície. Não mais queimaduras de sol nas costas. Vá para o fundo. Tome fôlego e desça tão profundamente em seu amor a ponto de não conseguir ver mais nada.

Una-se ao salmista e diga:

> A quem tenho nos céus senão a ti? E na terra, nada mais desejo além de estar junto a ti. O meu corpo e o meu coração poderão fraquejar, mas Deus é a força do meu coração e a minha herança para sempre. A teu respeito diz o meu coração: Busque a minha face! A tua face, Senhor, buscarei (Sl 73.25,26; 27.8 – NVI).

15 Você Ouviu a Porta Rangendo?

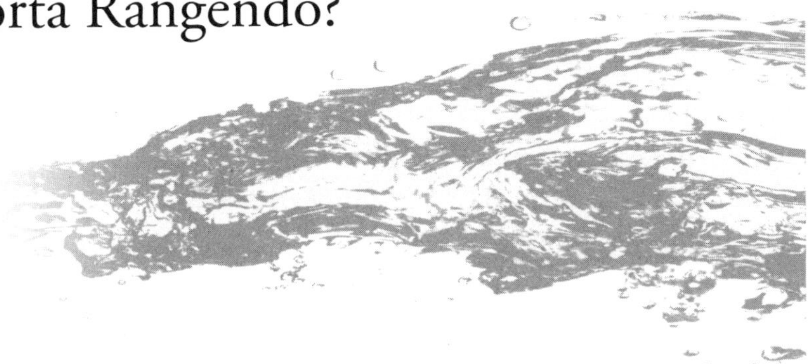

Al, de nove anos de idade, caminha pelas ruas de Londres, suas mãos apertando um bilhete, seu coração saltando de medo. Ele não leu a carta; seu pai o proibiu de fazer isso. Ele não sabe a mensagem, mas conhece o destino dela. A delegacia.

Jovens garotos podem ter o desejo de conhecer uma delegacia. Não Al. Pelo menos, não hoje. Punição, e não prazer, deu origem a essa visita. Al falhou quando desobedeceu ao "toque de recolher" da família. A diversão do dia o fez esquecer-se do tempo do dia, então ele chegou em casa tarde e em apuros.

Seu pai, um severo disciplinador, encontrou Al na porta da frente e, sem cumprimento algum, deu-lhe o bilhete e a instrução: "Leve isso à prisão". Al não tem idéia do que esperar, mas seus medos pioram.

O medo torna-se justificável. O delegado, um amigo de seu pai, abre o bilhete, lê e abaixa a cabeça. "Siga-me." Ele levou o rapaz com os olhos arregalados até uma cela, abriu a porta e disse-lhe para entrar. Depois, fechou-a, provocando um rangido. "É isso o que fazemos com garotos desobedientes", explicou e saiu.

O rosto de Al fica pálido enquanto chega à única conclusão possível. Ele ultrapassou os limites de seu pai. Esgotou seu estoque de graça. Gastou sua provisão de misericórdia. Então seu pai o isolou. O jovem Al não tem motivos para achar que verá sua família novamente.

Ele estava errado. A pena de prisão durou apenas cinco minutos. Mas aqueles cinco minutos pareceram cinco meses. Al nunca se esqueceu daquele dia. Com freqüência, diz às pessoas que o som da porta rangendo ficou com ele pelo resto de sua vida.[1]

Fácil entender por quê. Você consegue imaginar um barulho mais nefasto? Seu eco sem palavras anunciou: "Seu pai o rejeitou. Procure o quanto quiser; ele não está perto. Suplique o quanto quiser; ele não ouvirá. Você está separado do amor de seu pai".

O barulho da porta da cela. Muitos temem ouvi-lo. Al esqueceu-se do "toque de recolher" da família. Você esqueceu sua virtude. O pequeno Al chegou tarde em casa. Talvez você tenha chegado em casa bêbado. Ou nem voltou para casa. Al perdeu a hora. Você perdeu seu senso de direção e terminou no lugar errado, fazendo a coisa errada, e o céu sabe, o céu não tem lugar para... Enganadores. Pessoas que praticam o aborto. Adúlteros. Pecadores em oculto. Vilões públicos. Impostores. Hipócritas. Preso não por um pai terreno, mas por seu Pai celestial. Encarcerado, não em uma prisão britânica, mas em culpa e vergonha pessoal. Não é necessário exigir misericórdia; a conta está vazia. Nem fazer apelos pela graça; o cheque estará sem fundos e será devolvido. Você foi longe demais.

O medo de perder o amor do pai exige um alto preço. Al passou o resto de sua vida ouvindo o rangido da porta. O gosto do terror no passado contribuiu para uma vida inteira de dedicação a causar o mesmo nos outros. Pois Al — Alfred Hitchcock — fez sua carreira aterrorizando as pessoas.

Você mesmo pode estar assustando alguns amigos. Não é sua intenção. Mas você não pode produzir o que não possui. Se não tem convicção do amor de Deus, como pode amar os outros?

Você tem medo de ouvir a porta rangendo? Se tiver, anime-se. Você não tem. Sua imaginação diz que você tem; a lógica diz que você tem; seus pais e alguns líderes religiosos dizem que você tem. Mas de acordo com a Bíblia, segundo Paulo, você não tem.

> Porque estou certo de que nem a morte, nem a vida, nem os anjos, nem os principados, nem as potestades, nem o presente, nem o porvir, nem a

altura, nem a profundidade, nem alguma outra criatura nos poderá separar do amor de Deus, que está em Cristo Jesus, nosso Senhor! (Rm 8.38,39)

As palavras são o "Eureka!" no final da busca de Paulo pelo amor. Ele inicia essa busca com cinco perguntas que transformam vidas.

Primeira pergunta: "Se Deus é por nós, quem será contra nós?" (v. 31) A presença de Deus inclina as escalas de segurança para sempre em nossa direção. Quem pode nos atingir?

Segunda pergunta: "Aquele que nem mesmo a seu próprio Filho poupou, antes, o entregou por todos nós, como nos não dará também com ele todas as coisas?" (v. 32) Deus salvaria nossa alma e então nos deixaria para que cuidássemos de nossa subsistência sozinhos? Ele cuidaria das necessidades eternas e ignoraria as terrenas? É claro que não.

Terceira pergunta: "Quem intentará acusação contra os escolhidos de Deus? É Deus quem os justifica" (v. 33). Uma vez aceito por Deus, que outra opinião importa? Todas as vozes que acusam você, incluindo a sua própria, soa inaudível no tribunal do céu. A aceitação de Deus supera toda rejeição terrena.

A quarta pergunta continua: "Quem os condenará? Pois é Cristo quem morreu ou, antes, quem ressuscitou dentre os mortos, o qual está à direita de Deus, e também intercede por nós" (v. 34). Próximo a Deus, à distância de um sussurro de seu Criador, está assentado aquEle que morreu por você. Ele ocupa o lugar de autoridade. Então, deixe seus acusadores falarem contra você. Seu Advogado de defesa divino cala a voz deles. Por quê? Porque Ele o ama.

A quinta pergunta expressa o questionamento deste capítulo, e mesmo o questionamento da vida: "Quem nos separará do amor de Cristo?" (v. 35) Essa pergunta alcança o degrau mais alto de uma grande escadaria. Ao ficarmos no topo da escada com Paulo, ele nos convida a olhar em volta procurando algo que possa nos separar do amor de Deus. Você pode citar o nome de um elemento na vida que indique o final da devoção de Deus?

Ou, como pergunta o apóstolo: "Quem nos separará do amor de Cristo? A tribulação, ou a angústia, ou a perseguição, ou a fome, ou a nudez, ou o perigo, ou a espada?" (v. 35) Depois de reunir os adversários, Paulo recusou-os um por um: nem a tribulação, nem a angústia, nem a perseguição, nem a fome, nem a nudez, nem o perigo, nem a espada. Ninguém pode abrir uma rachadura entre você e o amor de Deus. "Mas em todas estas coisas somos mais do que vencedores, por aquele que nos amou" (v. 37). As aflições terrenas não equivalem à rejeição celestial.

Paulo tem convicção disso! Ele se volta para o músico que toca o címbalo e lhe dá permissão para tocar. Ele está certo de que nada o poderá separar do amor de Cristo. Não se trata de uma idéia passageira, mas sim de uma certeza enraizada profundamente. Paulo está convicto. O que você acha que o convenceu?

Talvez os discípulos. Paulo não nos dá dicas, por isso estou apenas especulando, mas talvez ele tenha pedido aos seguidores de Jesus para descrever a extensão do amor de Deus. Em uma rápida resposta, eles falaram sobre a Páscoa. Prometia ser uma grande noite. Boa comida. Bons amigos. Um período ininterrupto com Cristo. Mas durante a refeição, Jesus fez uma declaração bombástica: "Ainda esta noite todos vocês me abandonarão" (Mt 26.31 – NVI). Os discípulos menosprezaram a idéia: "Pedro respondeu: 'Ainda que todos te abandonem, eu nunca te abandonarei'... E todos os outros discípulos prometeram o mesmo" (vv. 33,35). Abandonar a Jesus? Impossível. Certo?

Errado. Antes do amanhecer todos os discípulos "o abandonaram e fugiram" (Mc 14.50 – NVI). João. André. Fugiram. Bartolomeu. Tiago. Tadeu. Correram. Quando os romanos apareceram, os discípulos desapareceram com as pernas tremendo e abrindo caminho com os cotovelos. Aqueles homens poderosos retratados nas pinturas famosas passaram a noite movendo-se lentamente e se escondendo em montes de feno. Eles o abandonaram e fugiram. Quando "o circo pegou fogo", eles fugiram. Surpreendente.

Porém, ainda mais surpreendente é o seguinte. Quando Cristo ressuscitou dentre os mortos, nunca tocou neste assunto. Nunca. Nem mesmo um "Eu disse que vocês fariam isso". Ao entrar no cenáculo de violadores de promessas, Ele poderia ter citado suas próprias palavras, lembrando-os da traição. "André, que amigo você é. E, João, eu achei que deixaria você escrever um dos Evangelhos."

Ele poderia tê-los deixado ouvindo o som de uma porta se fechando. Mas não o fez. "Chegada, pois, a tarde daquele dia, o primeiro da semana, e cerradas as portas onde os discípulos, com medo dos judeus, se tinham ajuntado, chegou Jesus, pôs-se no meio, e disse-lhes: Paz seja convosco!" (Jo 20.19) Eles escaparam dos guardas. Mas não puderam escapar do amor de Cristo.

Paulo ouviu esta história? Se ouviu, teria sido o bastante para convencê-lo. Jesus continua nos amando mesmo quando o abandonamos.

Pedro poderia reforçar o verbo. Ele poderia ter utilizado uma palavra melhor: *negar* em vez de *abandonar. Negue a Jesus, e Ele ainda o amará.* Enquanto Cristo enfrentava um julgamento, Pedro enfrentava o seu próprio. Enquanto se aquecia perto do fogo, "aproximando-se dele uma criada, disse: Tu também estavas com Jesus, o Galileu. Mas ele negou diante de todos, dizendo: Não sei o que dizes" (Mt 26.69,70).

Oh, a fé oscilante de Pedro. Ela se elevava tanto que Cristo o chamou de "pedra" (Mt 16.16-19); mergulhava tão fundo que Jesus o chamou de "Satanás" (Mt 16.21-23). Quem prometeu lealdade com mais insistência? Quem se sentiu mais inescusável?

Os outros poderíamos até entender, mas é Pedro que está negando a Jesus. Seus pés andaram sobre as águas. Suas mãos distribuíram a comida que resultou de um milagre para cinco mil pessoas. Seus olhos viram Moisés e Elias em pé ao lado de Jesus no Monte da Transfiguração. Seus lábios juraram fidelidade. Lembra-se do que Jesus disse a ele? "Em verdade te digo que, nesta mesma noite, antes que o galo cante, três vezes me negarás. Disse-lhe Pedro: Ainda que me seja necessário morrer contigo, não te negarei. E todos os discípulos disseram o mesmo" (Mt 26.34,35).

Mas ele o fez. Três vezes. Cheio de grosserias, praguejou contra o nome de seu amigo mais querido. Então o galo cantou. Você sabia que o canto do galo teve o efeito da porta da cela rangendo? "... e Pedro lembrou-se da palavra do Senhor, como lhe tinha dito: Antes que o galo cante hoje, me negarás três vezes. E, saindo Pedro para fora, chorou amargamente" (Lc 22.61,62).

Jesus nunca mais vai olhar para mim outra vez, Pedro deve ter pensado.

Ele estava errado. Dias depois da ressurreição, Pedro e alguns discípulos decidiram voltar à Galiléia e pescar. Por quê? Por que uma testemunha da ressurreição iria pescar? Talvez estivesse faminto. Ou não estivesse convicto. Cristo pôde vencer a morte, mas pode amar um traidor? Talvez Pedro tivesse essas dúvidas.

Se tinha, as dúvidas começaram a enfraquecer ao ouvir aquela voz. Jesus chamou seus amigos, recomendando-lhes que lançassem a rede no lado direito do barco. O fato de não reconhecerem a Jesus não os impede de tentar. Depois de puxarem uma grande quantidade de peixes, João reconheceu o Mestre. "É o Senhor" (Jo 21.7). Pedro muito mal se vestiu antes de pular do barco e nadar em direção a Cristo. Em breve, os dois estavam perto do fogo. Pedro havia negado a Cristo perto de uma fogueira, mas não poderia negar o amor do Mestre nesse momento, também diante do fogo.

Talvez Pedro tenha contado essa história a Paulo. Talvez, quando chegou o final, Paulo tenha limpado uma lágrima, dizendo: "Estou convicto. Nada pode nos separar do amor de Deus."

"Negue a Jesus", Pedro testificou, "e Ele ainda o amará".

"Duvide de Jesus", Tomé acrescentou, "e o mesmo é verdade".

Tomé teve suas dúvidas. Não importava para ele que dez pares de olhos haviam visto o Jesus ressurreto. Ou que as mulheres que observavam enquanto seu corpo era colocado no túmulo o tenham visto andar na sala. Deixe-os gritar e aplaudir; Tomé iria se sentar e esperar. Ele não estava na sala quando Jesus apareceu. Talvez estivesse fora comprando alimentos, ou tenha sentido a morte de Jesus mais do que os outros. Em uma das quatro vezes em que é citado nas Escrituras, Tomé declara: "Vamos nós também, para morrermos com ele" (Jo 11.16).

Tomé morreria por Cristo. Certamente, morreria por uma chance de ver o Cristo ressuscitado. Mas não estava a ponto de ser enganado. Ele havia enterrado suas esperanças uma vez, obrigado. Não estava disposto a enterrá-las de novo. Não importava o que os outros discípulos dissessem, ele precisava ver por si mesmo. Assim, por sete dias, ele esperou. Os outros se alegravam; ele resistia. Os outros celebravam; ele estava em silêncio. Tomé precisava de uma evidência de primeira mão. Então, Jesus lhe deu. Primeiro uma das mãos, depois a outra e, em seguida, o lado perfurado. "Põe aqui o teu dedo e vê as minhas mãos; chega a tua mão e põe-na no meu lado; não sejas incrédulo, mas crente" (Jo 20.27).

E Tomé creu. "Senhor meu, e Deus meu!" (v. 28)

Somente um Deus voltaria dos mortos. E somente um Deus de amor voltaria para alguém que duvida.

Abandone a Deus — Ele ainda o amará.

Negue a Deus — Ele ainda o amará.

Duvide de Deus — Ele ainda o amará.

Paulo ficou convicto. E você? Você tem convicção de que nunca viveu um dia sem amor? Nem um? Nunca "não amado". Aquelas vezes que você abandonou a Cristo? Ele o amava. Você se escondeu dEle; Ele procurou por você.

E aquelas ocasiões em que você negou a Cristo? Embora pertencesse a Ele, você deu mais valor aos outros, e quando o nome dEle veio à tona, você praguejou como um marinheiro bêbado. Deus lhe deixa ouvir o cantar da consciência e sentir o calor das lágrimas. Porém, nunca lhe deixará ir. Suas atitudes não podem diminuir o amor dEle.

Nem suas dúvidas. Você possui dúvidas. Pode ser que tenha alguma neste momento. Embora não saibamos muitas coisas, e nunca venhamos a saber de algumas, podemos ter certeza disso? As dúvidas não separam os duvidosos do amor de Deus.

A porta da prisão nunca se fecha. O estoque de amor de Deus nunca fica vazio. "Pois quanto o céu está elevado acima da terra, assim é grande a sua misericórdia para com os que o temem" (Sl 103.11).

A grande notícia da Bíblia não é que você ama a Deus, mas que Deus ama você; não que você pode conhecer a Deus, mas que Deus já conhece você! Ele escreveu seu nome na palma de sua mão. Os pensamentos dEle sobre você excedem em número a areia da praia. Você nunca sai da mente dEle, escapa de sua vista, foge de seus pensamentos. Ele vê o pior de você e o ama ainda assim. Seus pecados de amanhã e as falhas do futuro não o surpreenderão; Ele as vê agora. Cada dia e ação de sua vida passa diante dos olhos dEle e é levado em consideração em sua decisão. Ele o conhece melhor do que você mesmo e já chegou a um veredicto: Ele ainda o ama. Nenhuma descoberta irá desiludi-lo. Nenhuma rebelião o fará desistir. Ele ama você com um amor eterno.

Escrevi parte desse capítulo enquanto estava em um hotel na Flórida. Certa manhã, bem cedo, passei algum tempo sentado perto de uma piscina de dimensões olímpicas. Depois de ter lido os trechos que você acabou de ler, olhei para um passarinho que pousou na borda da piscina. Ele mergulhou seu bico na água, bebeu um pouco e foi embora. "Essa é a imagem de seu amor?", perguntei a Deus. O gole que o passarinho bebeu não diminuiu o volume de água na piscina. Seu pecado e o meu não reduzem o nível do amor de Deus.

A maior descoberta no universo é o maior amor do universo — o amor de Deus. "Nada pode nos separar do amor de Deus" (Rm 8.38 – NTLH). Pense no que essas palavras significam. Você pode estar separado de sua esposa, de seus amigos, de seus filhos, mas não está separado do amor de Deus. E nunca estará. Nunca.

Vá à fonte de seu amor e beba. Pode levar algum tempo até que você possa sentir a diferença. Beber ocasionalmente não irá umedecer um coração seco. Goles incessantes irão. Uma vez saciado por seu amor, você nunca mais será o mesmo.

Pedro não foi. Ele trocou seu barco por um púlpito e nunca olhou para trás. Os discípulos não foram. Os mesmos homens que fugiram do jardim com medo viajaram pelo mundo com fé. Tomé nunca mais foi o mesmo. Se as histórias forem verdadeiras, ele levou a mensagem do amor de Deus pelos duvidosos e desertores por todo o caminho até a Índia, onde morreu por amor, como seus amigos e seu Salvador.

O medo de perder o amor perseguiu o pequeno Al. Mas a alegria de encontrar o amor transformou os discípulos. Seja transformado. Na próxima vez que sentir medo de ouvir a porta rangendo, lembre-se: "Nada pode nos separar do amor de Deus" (Rm 8.38 – NTLH).

16
Encarando a Eternidade sem Medo

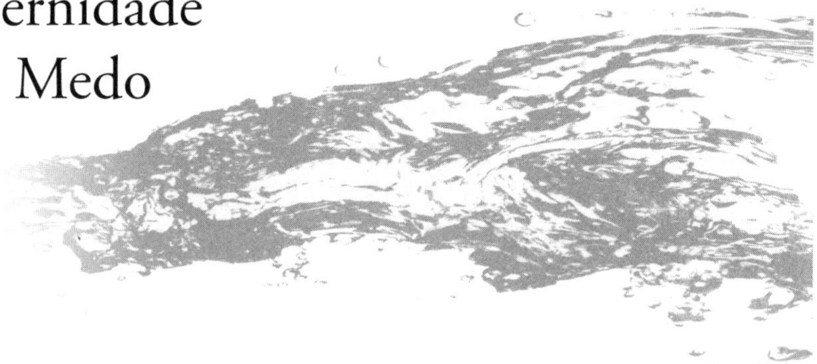

Boca seca. Mãos úmidas. Pulsação como o bumbo de uma banda marchando. Olhos observando por sobre os ombros. Coração saltando pela garganta. Você conhece a sensação. Conhece o momento. Sabe exatamente como é ver a sirene do carro de polícia no seu retrovisor.

Primeira resposta? A vida de oração vem à tona. "Oh, Senhor." "Deus, me ajude." "Jesus, tenha misericórdia desse pecador." Policiais têm estimulado mais orações do que milhares de púlpitos.

Nossos pedidos são unânimes, previsíveis e egoístas. "Deixe acontecer algum problema na estrada." "Está vendo o garoto dirigindo o caminhão vermelho, Senhor? Mande o oficial atrás dele." Mas Ele não o fez. As janelas do carro ficam iluminadas pelos raios luminosos vermelhos e brancos do carro da polícia, e quando você pára no acostamento, a segunda resposta irrompe. As orações direcionadas ao alto tornam-se pensamentos voltados para baixo. *O que eu fiz? A que velocidade eu estava? O cachorro de quem eu atropelei?*

A versão policial rodoviário do Arnold Schwarzenegger preenche seu espelho lateral. Não ouse abrir a porta. No segundo em que você fizer isso, a mão dele irá direto para o coldre, e ele lhe dirá: "Fique no carro, por favor". A melhor opção é voltar a orar. Só Deus pode ajudá-lo agora.

Tememos tais momentos. Lembra-se de quando a professora o levava para fora da sala de aula? Quando seu pai o ouvia entrar pela janela do quarto depois da meia-noite? Temos uma palavra para tais momentos. Julgamento.

A evidência está dentro. A verdade está fora. E o policial está em pé ao lado de sua porta. Ninguém gosta da idéia de julgamento.

Os cristãos efésios não gostavam. Eles temiam o julgamento, não do policial rodoviário, mas de Deus. Sabendo que Ele vê todo pecado, sabendo que Ele abomina o pecado, sabendo que Ele devia odiar o que estava vendo — não era uma idéia agradável —, eles estavam com medo.

Então João os confortou. Ele mergulhou a ponta de sua pena no tinteiro do amor de Deus e escreveu:

> Dessa forma o amor está aperfeiçoado entre nós, para que no dia do juízo tenhamos confiança, porque neste mundo somos como ele. No amor não há medo; ao contrário *o perfeito amor expulsa o medo*, porque o medo supõe castigo. Aquele que tem medo não está aperfeiçoado no amor (1 Jo 4.17,18 – NVI, grifo do autor).

"O perfeito amor expulsa o medo." Você gostaria que o medo fosse expulso? Podemos relacionar isso com a história de Louis Armstrong. O famoso trompetista americano cresceu na região rural de Louisiana no início do século XX. Quando era um jovem, sua tia Haddie com freqüência o mandava ir ao riacho pegar água. Em uma ocasião, ao se inclinar para encher seu balde, um jacaré assustou tanto o rapaz que ele deixou cair o balde e correu. Sua tia disse-lhe para voltar e pegar a água. "Aquele jacaré está tão assustado quanto você", afirmou.

"Se este for o caso", ele respondeu, "então a água daquele riacho não serve para ser bebida".[1]

Jacarés espreitam nossos riachos também. E quando os vemos, reagimos. Tememos a rejeição, e assim seguimos a maioria. Temos medo de não sermos aceitos, então usamos drogas. Por medo de chamarmos a atenção, vestimos o que todo o mundo veste. Por medo de ficarmos parecidos com os outros, usamos o que ninguém usa. Por medo de dormir sozinhos, dormimos com qualquer pessoa. Por medo de não sermos amados, procuramos o amor em todos os lugares errados.

Mas Deus acaba com esses medos. Aqueles saturados no amor de Deus não negociam para ganhar o amor dos outros. Nem mesmo para ganhar o amor de Deus.

Você acha que precisa? Você pensa assim: *Se eu murmurar menos, orar mais, beber menos, estudar mais... se eu tentar com mais empenho, Deus me amará mais*? Respire e sinta o mau cheiro de Satanás por trás dessas palavras. Todos nós precisamos de aperfeiçoamento, mas não precisamos suplicar pelo amor de Deus. Somos transformados porque já temos o amor de Deus. O *perfeito* amor de Deus.

O amor perfeito é simplesmente isso — perfeito, um perfeito conhecimento do passado e uma perfeita visão do futuro.

Você não pode surpreender a Deus com seus atos. Nunca existirá um dia em que você fará com que Ele diga de modo ofegante: "Oh, você viu o que ela fez?" Ele nunca se voltará aos anjos e se lamentará: "Se eu soubesse que Max iria quebrar a cabeça com tolices sobre mim, teria salvado sua alma". Deus sabe toda a sua história, da primeira palavra ao suspiro final, e com uma avaliação clara afirma: " Você é meu".

Minha editora tomou uma decisão semelhante em relação a este livro. Antes de concordar em publicá-lo, eles leram — palavra por palavra. Vários pares de olhos editoriais percorreram o manuscrito, lamentando minhas piadas sem graça, classificando minha habilidade com as palavras, sugerindo uma mudança aqui e ali. Rebatemos as páginas de um lado para o outro, escritor para editor para escritor, até que finalmente chegamos a um acordo — é isso. É hora de publicar ou rejeitar. A editora podia rejeitar, você pensa. Às vezes fazem isso. Mas nesse caso, obviamente, não o fizeram. Com o perfeito conhecimento desse produto imperfeito, eles assinaram o contrato. O que você lê pode surpreendê-lo, mas não aos editores.

O que você faz pode chocá-lo, mas não a Deus.

Com o perfeito conhecimento de sua vida imperfeita, Deus assina o contrato.

Anos atrás, encontrei uma mulher que experimentara uma forma desse amor. Uma cirurgia no cérebro a impossibilitou de usar um nervo facial. Como conseqüência, ela vê o mundo com um sorriso torto. Depois da operação, ela encontrou o amor de sua vida. Aqui está como ela o descreve: "Ele não vê nada estranho ou feio em mim, e nunca zombou de minha aparência, nem mesmo em momentos de raiva. Ele nunca me viu de outra forma. Quando me olho no espelho, vejo deformidade; porém, quando meu marido me olha, vê beleza".

Vê o que perfeito amor faz? Elimina o medo do julgamento. Na verdade, remove o medo do dia do julgamento. Como João escreveu: "Dessa forma o amor está aperfeiçoado entre nós, para que no dia do juízo tenhamos confiança, porque neste mundo somos como ele" (1 Jo 4.17 – NVI).

Nesse ponto, João não faz nenhuma embromação. O dia do julgamento não é uma frase em uma obra de ficção, mas uma data circulada no calendário celestial. Dos vinte e sete livros do Novo Testamento, apenas as epístolas de Filemom e 3 João, cujo tamanho pode ser comparado a um cartão postal, não mencionam qualquer informação sobre nossa aparência divina.[2] Enquanto os detalhes do dia não nos são revelados e não são discutidos por nós, sabemos o seguinte: O dia do julgamento está chegando. Naquele dia, a riqueza terrena não terá importância. A beleza física não será fabricada. A fama será esquecida. Todos os olhos estarão em Cristo.

Aqueles que o ignoraram têm grandes razões para temer. "Então, dirá também aos que estiverem à sua esquerda: Apartai-vos de mim, malditos, para o fogo eterno, preparado para o diabo e seus anjos" (Mt 25.41).

No entanto, aqueles que o aceitaram não têm motivos para isso. "... para que no Dia do Juízo tenhamos confiança; porque, qual ele é, somos nós também neste mundo" (1 Jo 4.17). Pense a respeito dessa afirmação. Deus vê os cristãos da mesma forma que vê a Cristo: sem pecados e perfeito. Conseqüentemente, os cristãos podem ver o julgamento como Cristo vê: com esperança e confiança. Jesus tem medo do julgamento? Não. Uma alma sem pecado não precisa temer. Jesus tem medo da morte? Não. O doador da vida não teria. Os cristãos deveriam ter medo do julgamento e da morte? De jeito nenhum. "Porque, qual ele é, somos nós também neste mundo" (v 17). O Filho de Deus está fazendo perto de você o que o filho de Joe Allbright fez por mim.

Joe Allbright é um rancheiro íntegro e destemido do oeste do Texas, um homem magro e de queixo largo. Em Andrews County, onde fui criado, todos o conheciam.

Um dos filhos de Joe, James, e eu éramos grandes amigos na escola. Jogávamos futebol juntos. (Para ser mais sincero, ele jogava enquanto eu vigiava o banco da equipe.) Uma sexta-feira, depois de jogo fora da cidade, James me convidou para ficar em sua casa. Quando chegamos à propriedade, a hora já estava passando da meia-noite, e ele não tinha avisado ao pai que estava trazendo alguém.

O Sr. Allbright não me conhecia e não sabia qual era o meu carro, então quando eu coloquei os pés para fora do carro em frente a sua casa, ele acendeu um holofote e colocou na direção do meu rosto. Através do clarão, vi a forma de um homem (acho que estava de pijama), e ouvi sua voz profunda. "Quem é você?" Eu me engasguei. Minha mente se moveu com a velocidade de mel gelado. Comecei a dizer meu nome, mas não consegui. *O Sr. Allbright não me conhece.* Minha única esperança era que James falasse alguma coisa. Uma geleira poderia ter se derretido antes que ele falasse. Finalmente ele interveio. "Ok, pai. Esse é o meu amigo Max. Ele está comigo."A luz se apagou, e o Sr. Allbright abriu a porta. "Entrem, meninos. A comida está na cozinha."

O que mudou? O que fez o Sr. Allbright apagar a luz? Um fato. Eu havia me aliado ao seu filho. Minha repentina segurança não tinha nada a ver com meus atos ou oferecimentos. Eu conhecia seu filho. Ponto final.

Pela mesma razão, você não precisa ter medo do julgamento de Deus. Não hoje. Não no dia do Juízo. Jesus, à luz da glória de Deus, está falando em seu favor. "Esse é meu amigo", Ele diz. E quando Ele o faz, a porta do céu se abre.

Confie no amor de Deus. Seu perfeito amor. Não tenha medo de que Ele descubra o seu passado. Ele já o conhece. Não tenha medo de desapontá-lo no futuro. Ele pode mostrar-lhe o capítulo em que isso vai acontecer. Com um perfeito conhecimento do passado e uma perfeita visão do futuro, Ele o ama perfeitamente — apesar de ambos.

O perfeito amor pode acabar com seu medo do julgamento.

(E dirigir devagar pode acabar com seu medo de policiais.)

17
Se Deus lhe Escrevesse uma Carta

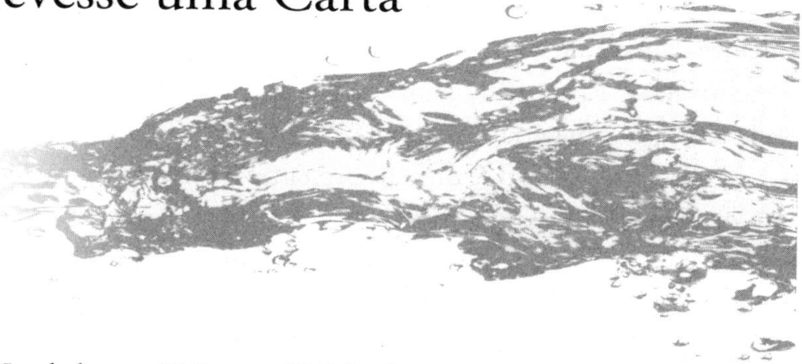

O Natal chega a El Sunza, El Salvador, via caixas de sapatos. Em um povoado onde os mais ricos ganham cinqüenta dólares por mês e as casas mais bonitas são caracterizadas por tetos de latão em vez de madeira compensada, o carregamento de caixas de sapatos ilumina o ano. A expedição começa em San Antonio, onde crianças de minha igreja "adotam" uma criança salvadorenha e preparam as caixas.

Mensageiros ficam com os olhos cheios de lágrimas ao descrever a alegria do dia da entrega: crianças abraçando suas caixas embrulhadas, sem querer apressar o momento. Quando finalmente retiram o papel, arregalam os olhos ao verem os brinquedos — um ioiô, uma boneca ou um carrinho. Também encontram escova e pasta de dente, talvez um pijama ou um par de meias. Porém, o presente que mais apreciam é a carta. Guardada em algum lugar entre brinquedos e livros, ocupando um pequeno espaço, mas trazendo uma emoção torrencial, está uma mensagem manuscrita.

O envelope contém o nome da criança. José Castillo. Beatrice Gonzáles. Filas se formam em volta dos tradutores quando, uma por uma, as crianças ouvem as palavras que lhes chegam aos ouvidos.

"Querido Diego", alguém pode ler. "Meu nome é Mateus. Estou na quarta série. Você vai à escola? Jogo futebol. E você? O nome do meu cachorro é Veludo."

Ou...

"Querida Maria, sou a Karen. Gostaria de encontrar você algum dia. Minha mãe diz que El Salvador fica a uma 'eternidade' daqui. O que você gosta de fazer? Eu gosto de cantar, ler e ouvir as pregações de Max Lucado." (Algumas crianças gostam disso.)

Muitas das crianças salvadorenhas dormem com suas cartas, maravilhadas com o que alguém no distante lugar chamado Texas pensam a respeito delas. É impressionante o que uma carta vinda de tão longe pode fazer por uma criança.

Mas você sabe disso. Como os presentes das crianças, seus presentes vêm de uma terra distante. Diferente das crianças, você tem Natal todos os dias. Sua caixa de sapatos não contém brinquedos e livros, mas o próprio Deus!

Sua obra: na cruz e na ressurreição. Como resultado, seu pecado não traz culpa, e a sepultura não causa medo.

Sua força: não compete a você. Você pode todas as coisas em Cristo, que lhe fortalece.

Sua soberania: Ele é responsável por você e cuida de você.

Seu amor: o que pode separá-lo dele?

Quem poderia imaginar tais presentes? Quem poderia imaginar não abri-los? Curiosamente, algumas crianças salvadorenhas precisam que alguém lhes diga para abrir os presentes. Elas acham que a caixa é o presente! Isso é maior que qualquer posse que possuíam. Algumas vêem a fita brilhante e o papel colorido e pensam: *É isso. Esse é o presente.* Se ninguém lhes dissesse, levariam a caixa para suas casas de chão sujo, colocariam em um lugar de destaque e ficariam a admirando e exibindo, mas nunca a abririam.

Não fazemos o mesmo com Cristo? Não temos a tendência de mantê-lo em um lugar ao nosso alcance? Nós o colocamos na prateleira do nosso coração: o respeitamos, reverenciamos seu nome, mas nunca abrimos seus presentes. Nunca olhamos dentro da caixa. Nunca desembrulhamos sua presença no chão sujo de nossas preocupações e atos, pecados e sofrimentos.

Ele está tão desejoso de entrar em seu mundo. O quarto de hospital? Ele vai lá. Nos momentos decisivos? Ele ficará com você. Você está acompanhando a morte lenta de uma pessoa amada? Ele se sentará ao seu lado a cada minuto. Apenas o convide. "Eis que estou à porta e bato; se alguém ouvir a minha voz e abrir a porta, entrarei em sua casa e com ele cearei, e ele, comigo" (Ap 3.20).

Não cometa o erro que os sócios de Lawrence da Arábia cometeram. Ele os levou a Paris depois da I Guerra Mundial. Eles nunca tinham visto aquela paisagem. O Arco do Triunfo, o Túmulo de Napoleão, o Champs Élysées. Mas nada impressionou mais aqueles homens do deserto da Arábia do que a torneira na banheira do quarto do hotel. Eles a abriam e fechavam, abriam e fechavam, maravilhados de que, com um simples movimento da mão, poderiam ter toda a água que quisessem.

Quando chegou a hora de ir embora de Paris e voltar ao Oriente, Lawrence os encontrou com ferramentas no banheira, tentando soltar o cano. "Precisamos de torneiras", explicaram. "Assim, teremos toda a água que desejamos."[1]

Eles não entendiam o papel da torneira. Os canos carregam a água, mas não a produzem. Torneiras são instrumentos, não a fonte. A válvula pode direcionar o líquido, mas criá-lo? Não. Sabemos disso...

Por quais torneiras Deus tem derramado seu amor em sua vida? Uma igreja cheia de fé? Um cônjuge dedicado? Tradições que são mantidas ao longo do tempo? Uma namorada na faculdade ou uma avó na infância? A água de Deus passa por várias torneiras. O presente dEle vem em diversos embrulhos. O tesouro, no entanto, não é o encanamento ou a caixa do presente. Não, o tesouro é o próprio Doador.

Em minha lista de coisas que gostaria de ter aprendido antes, essa verdade está perto do topo. A graça veio a mim embrulhada em uma igreja. Porém, depois de algum tempo, fui transferido. No entanto, mesmo assim, a igreja se fortaleceu. A caixa se rasgou, a torneira foi obstruída e meu coração, por algum tempo, ficou em ruínas.

Em determinado momento, ouvi o convite da fonte que ainda estava fluindo. "Se alguém tem sede, venha a mim e beba" (Jo 7.37 – NVI).

Deus se descreve como "o manancial de águas vivas" (Jr 2.13). Agradeça-lhe pelas torneiras, mas não confie nelas para sustentá-lo. Agradeça-lhes pelas caixas que contêm os presentes. Porém, não deixe de abri-las. E, acima de tudo, não deixe de ler a carta. Porque em meio aos presentes de misericórdia diária e compromisso inextinguível está uma carta, uma carta pessoal. Deve estar escrito mais ou menos o seguinte:

Meu querido filho,

Você está com sede? Vinde às águas e beba. ❋ Eu sou aquEle que o consola. ❋ Eu o comprei ❋ e o aperfeiçoei. ❋ Tenho prazer em você e o reconheço como sendo meu, me alegro em você como um noivo se alegra com sua noiva. ❋ Nunca o deixarei ou o desampararei.[2]

Aceite minha Obra

Sei que são muitas as vossas transgressões e enormes os vossos pecados, ❋ mas a minha graça te basta. ❋ Lancei todos os seus pecados para trás de minhas costas, ❋ subjuguei as suas iniqüidades e lancei os seus pecados nas profundezas do mar! ❋ Eu os lavei, ❋ desfaço as suas transgressões como a névoa, e os seus pecados, como a nuvem; torna-te para mim, porque eu te remi.[3]

Sua morte foi tragada na vitória. ❋ Despojei os principados e potestades ❋ e aniquilei o império da morte, isto é, o Diabo. ❋ Bem-aventurados os mortos que, desde agora, morrem no Senhor. ❋ A sua cidade está nos céus. ❋ Vinde, possuí por herança o Reino que vos está preparado ❋ onde limparei de seus olhos toda lágrima, e onde não haverá mais morte, nem pranto, nem clamor, nem dor. [4]

Descanse em minha Força

Você está ansioso e afadigado com muitas coisas; ❋ confia no Senhor de todo o teu coração. ❋ Sei como livrar da tentação os piedosos. ❋ O meu Espírito ajuda em suas fraquezas. ❋ Deixe-me fortalecê-lo com a força da minha glória. ❋ Não poupei nem mesmo o meu próprio Filho, antes, o entreguei por você. Não lhe darei também com Ele todas as coisas? ❋ Avante, minh'alma! Seja forte! ❋ Não desfaleça. ❋ Eu te esforço. Eu te ajudo.[5]

Confie em minha Soberania

Confiai em mim perpetuamente; porque eu sou a rocha eterna, ❋ o seu Pastor, o Bispo da vossa alma. ❋ Quando passares pelas águas, estarei contigo, e, quando pelos rios, eles não te submergirão; quando passares pelo fogo, não te queimarás, nem a chama arderá em ti.[6]

Não vos inquieteis. ✵ Nunca tosquenejo nem durmo. Estou a sua direita. ✵ O anjo do Senhor acampa-se ao redor dos que o temem, e os livra. ✵ Eu esconderei você no secreto de minha presença. ✵ Irei com você, ✵ confirmando os seus passos e deleitando-me em cada detalhe de sua vida. Ainda que caia, não ficará prostrado, pois eu te sustento com a minha mão. ✵ Instruir-te-ei e ensinar-te-ei o caminho que deves seguir.[7]

Ouvireis de guerras e rumores de guerras, mas não vos assusteis. ✵ Eu venci o mundo. ✵ Não estejais inquietos por coisa alguma; antes, as vossas petições sejam em tudo conhecidas diante de Deus, pela oração e súplicas, com ações de graças. ✵ A minha bondade protege você como um escudo.[8]

Eu te farei crescer na terra de aflição, ✵ dando-lhe ornamento por cinza, óleo de gozo por tristeza, veste de louvor por espírito angustiado. ✵ Porque habito com o contrito e abatido de espírito, para vivificar o espírito dos abatidos e para vivificar o coração dos contritos. ✵ O choro pode durar uma noite, mas a alegria vem pela manhã. ✵ Se eu sou por você, quem será contra você?[9]

Receba meu Amor

Eu o protejo e cuido de você; guardo-o como a menina dos meus olhos. ✵ Deleito-me em ti com alegria. ✵ Meus pensamentos são incontáveis. Se os contasse, seriam em maior número do que a areia. ✵ Porque estou certo de que nem a morte, nem a vida, nem os anjos, nem os principados, nem as potestades, nem o presente, nem o porvir, nem a altura, nem a profundidade, nem alguma outra criatura podem separar você do meu amor.[10]

Às vezes você diz: "O Senhor me desamparou; o Senhor se esqueceu de mim". Mas pode uma mulher esquecer-se tanto do filho que cria, que se não compadeça dele, do filho do seu ventre? Mas ainda que esta se esquecesse, eu, todavia, me não esquecerei de ti. ❋ Eu te comprei com o precioso sangue de Cristo, como de um cordeiro imaculado e incontaminado. ❋ Ninguém o arrebatará de minhas mãos. ❋ Eis que, na palma das minhas mãos, te tenho gravado. ❋ Tenho lhe chamado de amigo. ❋ E até mesmo os cabelos da vossa cabeça estão todos contados. Não temais.[11]

Lança o teu cuidado sobre o Senhor, e ele te susterá. ❋ Eu conheço a sua estrutura; lembro-me de que és pó. ❋ Lance sobre mim toda a sua ansiedade, porque eu tenho cuidado de você.[12]

Lembre-se: Eu estou perto. ❋ Vinde a mim, todos os que estais cansados e oprimidos, e eu vos aliviarei. ❋ Eu me agrado de ti, ❋ sou fiel para manter minhas promessas. ❋ Venha e beba da água da vida.[13]

Seu Criador, seu Pai,
Deus

Guia de Estudos

Meagan

Venha à Fonte

1. Sei que você é melhor do que parece. Também sei que não é tarde demais mudar. Essa rua por onde você tem andado? As casas parecem bonitas, mas o caminho não leva a lugar algum.
   a) Você está satisfeito com a vida que está levando? Explique.
   b) Você já sentiu que é tarde demais para fazer uma mudança? Se sua resposta for sim, explique.
   c) Por qual rua você tem viajado? Aonde esse caminho parece levá-lo?

2. O estresse sinaliza uma necessidade mais profunda, um anseio. Desejamos nos adequar, fazer a diferença. Aceitação, significado — nos importamos com isso. Então fazemos o que for preciso; ficamos endividados para comprar a casa, excedemos o limite do cartão de crédito para comprar as roupas... e a vida de monotonia começa.
   a) Descreva seu nível de estresse mais comum.
   b) Que "necessidade mais profunda" ou "anseio" você é capaz de identificar em seu próprio coração?
   c) Quando você mais se sente como se estivesse vivendo em monotonia?

3. Gastamos muita energia indo a lugar nenhum. No final do dia, ou no final da vida, não teremos movido um passo sequer. Estamos empacados.
   a) Em que você gasta a maior parte de sua energia? O resultado é positivo?
   b) Descreva um momento em sua vida quando se sentiu empacado. O que fez com que saísse dessa situação?
   c) Se continuar no trajeto que tem seguido, onde acha que estará daqui a dez anos? E daqui a quinze anos? Vinte anos? É onde você deseja estar? Explique.

4. "Onde está Deus em tudo isso?", ele repetiu a pergunta dela. "Mais perto do que você imagina."
   a) O que você responderia a alguém que lhe perguntasse: "Onde está Deus em tudo isso?"
   b) Deus se sente perto de você neste momento? Explique.
   c) O caminho que está trilhando o mantém perto de Deus? Que mudança de rumo você deveria considerar para manter Deus por perto?

Encha seu Cálice

1. Leia João 4.1-42.
   a) Que paralelos você percebe entre a história de Meagan e as circunstâncias da vida da mulher descrita em João 4?
   b) Por que você acha que Jesus não se identificou imediatamente quando se encontrou com a mulher samaritana?
   c) Por que você acha que Jesus chamou a atenção para o passado promíscuo da mulher (vv. 16-18)?
   d) Descreva o principal objetivo de Jesus em sua conversa com essa mulher (vv. 21-24).
   e) Por que você acha que a mulher imediatamente se tornou uma evangelista (vv. 28-30,39-41)?

Beba profundamente

Passe alguns minutos agradecendo a Deus por seu maravilhoso amor por você e peça-lhe para abrir seus olhos para novas descobertas sobre Ele e seus planos em relação a você durante a leitura de *Quem Tem Sede Venha.*

1
O Coração Desidratado

Venha à Fonte

1. Prive sua alma da água espiritual, e sua alma lhe dirá. Corações desidratados enviam mensagens desesperadas. Temperamentos ríspidos. Ondas de preocupação. Uma fera rugindo de culpa e medo.
   a) Como você descreveria "água espiritual" para alguém? O que é isso?
   b) Descreva um período em que se sentiu privado de água espiritual. O que aconteceu?
   c) Que "mensagens desesperadas" sua alma envia com mais freqüência quando você está privado da água espiritual? Como você geralmente responde a essa mensagem?

2. O que H_2O pode fazer pelo seu corpo, Jesus pode fazer por seu coração. Lubrificá-lo. Umidificá-lo. Amolecer o que está ressecado, limpar o que está enferrujado.
   a) Em sua vida, você já precisou que Jesus "lubrificasse" e "umidificasse" seu coração? Explique.
   b) Descreva um período específico quando permitiu que Jesus amolecesse o que estava ressecado ou limpasse o que estava enferrujado.
   c) Analise seu coração neste momento. Você precisa que Jesus faça alguma coisa por ele? Explique.

3. A fim de que Jesus faça o que a água faz, você deve deixá-lo entrar em seu coração, no mais íntimo do seu coração.
   Internalize-o. Receba-o com alegria na obra interior de sua vida. Deixe Cristo ser a água de sua alma.
   a) A que profundidade você normalmente permite que Cristo entre em sua vida? Explique.
   b) Que áreas de sua vida parecem mais resistentes a Cristo?
   c) Como você pode receber melhor a Cristo na obra interior de sua vida? Que passos específicos você pode seguir?

4. A religião tranqüiliza, mas nunca satisfaz. Atividades na igreja podem ocultar uma sede, mas só Cristo a sacia. Beba-*o*.
   E beba com freqüência... Goles regulares satisfazem a sede da garganta.
   a) De que forma a religião tranqüiliza? Por que ela nunca pode satisfazer?
   b) Como atividades na igreja ocultam uma sede espiritual? Isso já aconteceu com você? Caso sim, explique.
   c) Como alguém "bebe" a Cristo? Descreva o processo da maneira que você conhece.

Encha seu Cálice

1. Leia João 7.14-39.
   a) O que você acha que maravilhou tanto os líderes religiosos acerca dos ensinamentos de Jesus (v. 15)?
   b) Como Jesus explicou seu ensinamento extraordinário (v. 16)?
   c) Que chave para o estudo eficaz da Bíblia Jesus descreve no versículo 17?
   d) Que milagre realizado por Jesus aborreceu os líderes religiosos (v. 23)? Por que isso os aborreceu? Por que Jesus achava que isso não deveria tê-los aborrecido?
   e) De onde Jesus dizia vir (vv. 16,29)? Por que isso indignou algumas pessoas na multidão?
   f) O que Jesus disse nos versículos 33,34 que confundiu seus oponentes? Por que você acha que Jesus falou de modo tão encoberto? O que você acha que Ele realmente queria dizer?
   g) Como você "vem" a Jesus e "bebe" (v. 37)?
   h) Que ligação Jesus faz entre acreditar nEle e água viva (v. 38)?
   i) O que Jesus quer dizer com "água viva" (v. 38)? Esta água viva está em você? Explique.

Beba profundamente

Mesmo que não seja um hábito regular, agende, pelo menos, meia hora para estar a sós com Deus. Use o tempo para agradecer ao Senhor pelo desejo que Ele tem de enchê-lo com a água viva e para pedir-lhe que revele as áreas em seu coração que se encontram mais "desidratadas". Pergunte-lhe: "Onde não tenho permitido que a água viva de Jesus entre em meu coração? Em meus relacionamentos? Em minha vida profissional? Em meu desejo por alguma coisa em particular?" Uma vez que o Senhor tenha respondido claramente à sua oração, peça-lhe força e sabedoria para deixar essas áreas nas águas curadoras de Jesus.

2

Vacinação contra o Pecado

Venha à Fonte

1. O pecado, por algum tempo, sacia a sede. Mas assim faz a água salgada. Passado alguns momentos, a sede volta, mais intensa e exigindo cada vez mais.
   a) De que maneira o pecado sacia a sede temporariamente? Por que é algo apenas temporário?
   b) Você já experimentou o poder do pecado de saciar a sede temporariamente? Explique.
   c) De que modo o pecado exige cada vez mais?

2. Leve uma vida sem Deus, e espere uma eternidade sem Deus. Passe a vida dizendo a Deus para lhe deixar sozinho, e Ele o fará.
   a) Como você descreveria uma "vida sem Deus"? Com o que ela se parece?
   b) Como você descreveria uma "eternidade sem Deus"? Com o que ela se pareceria?
   c) De que maneiras dizemos a Deus para nos deixar sozinhos?

3. Você pode selecionar seu pai espiritual. Você pode mudar sua árvore genealógica com origem em Adão por uma com origem em Deus. E quando você faz, Ele entra. A resistência dEle se torna a sua.
   a) Como alguém pode selecionar seu pai espiritual? Descreva o processo.
   b) Você mudou sua árvore genealógica com origem em Adão por uma com origem em Deus? Como pode ter certeza?
   c) Como você pode dizer quando está lutando contra o pecado com a resistência de Deuse não com a sua própria?

4. Confie na obra de Deus *por* você. Então confie na presença de Cristo *em* você. Tome goles freqüentes, revigorantes, de sua fonte de graça. Você pre-

cisa de lembretes regulares de que não está fatalmente afligido! Não viva como se estivesse.

a) O que significa confiar na obra de Deus *por* você?
b) O que significa confiar na presença de Deus *em* você?
c) De que forma alguns cristãos vivem como se o pecado os tivesse afligido fatalmente?

Encha seu Cálice

1. Leia Efésios 2.1-10.
   a) Como Paulo retrata nossa vida antes de depositarmos nossa fé em Cristo (vv. 1-3)?
   b) O que mudou nossa situação desesperadora (v. 4)?
   c) O que Deus fez por nós que não poderíamos fazer (v. 5)?
   d) O que ainda está em estoque para todos os que crêem (vv. 6,7)?
   e) Como recebemos essas bênçãos maravilhosas (vv. 8,9)?
   f) O que se espera de nós agora (v. 10)?

2. Leia Isaías 53.4-6.
   a) Quem é "ele" no versículo 4?
   b) O que ele fez por nós (vv. 4,5)?
   c) O que fizemos para que isso fosse necessário (v. 6)?

3. Leia 1 João 1.5-9.
   a) Como o versículo 5 descreve a Deus?
   b) Que hipocrisia é revelada no versículo 6?
   c) O que Jesus faz por nós, segundo o versículo 7? Que condições temos de receber?
   d) Como nos enganamos às vezes (v. 8)?
   e) Que promessa nos é dada no versículo 9?

Beba profundamente

Vá a um lugar tranqüilo e leve a sua bíblia. Primeiro, convide a Deus para se encontrar com você de modo especial. Então leia silenciosamente o Salmo 51. Depois ore com base nesse texto, lendo-o em voz alta, fazendo uma pausa após cada versículo a fim de pedir a Deus para aplicar a oração de Davi ao seu coração. Continue até terminar o salmo, pedindo a Deus que limpe seu coração para que você possa servi-lo com alegria.

3
Quando a Graça se Aprofunda

Venha à Fonte

1. Graças a alguns irmãos mais velhos legalistas, os destinatários da epístola de Paulo deixaram a graça recebida para manter a lei. Sua vida cristã havia alcançado o nível de alegria de uma endoscopia gastrintestinal alta. Paulo estava confuso.
   a) Descreva a diferença entre "graça recebida" e "lei mantida".
   b) Por que a lei mantida geralmente diminui a alegria?
   c) O que mais confundiu Paulo acerca da escolha que seus amigos fizeram? Ele ficaria confuso se presenciasse sua vida? Explique.

2. As igrejas sofreram de... bloqueio da graça. O Pai pode deixá-lo adentrar os portões, mas você tem de tornar-se merecedor de seu lugar à mesa. Deus liquidou o pagamento de sua redenção, mas você paga as prestações mensais. O céu lhe dá o barco, mas você tem de remá-lo se quiser pelo menos ver a outra margem.
   a) Com suas palavras, defina "bloqueio da graça".
   b) Como tentamos, às vezes, nos tornar merecedores de nosso lugar à mesa de Deus?
   c) Por que você acha que enfrentamos a contínua tentação de misturar graça e boas obras?

3. A graça define quem você é. O pai ou mãe que você não é capaz de agradar erra tanto quanto o tio coruja que não é capaz de desapontar. As pessoas não têm esse poder. Somente Deus. Segundo Ele, você lhe pertence. Ponto final.
   a) A graça define quem *você* é? Explique.
   b) De que maneira a graça dá forma ao seu modo de viver? Como ela modelou a maneira como você agiu hoje?
   c) Você já deixou pessoas assumirem o poder que pertence apenas a Deus? Se sua resposta for sim, relate o que aconteceu.

4. As mãos de Deus... unem as manchas irregulares incoerentes de nossa vida e as transforma em expressões de seu amor.
   a) Que manchas irregulares de sua vida Deus transformou em uma expressão do seu amor?
   b) Como Deus está trabalhando em sua vida agora?
   c) Como você vê o amor de Deus atuando na vida das pessoas que você ama?

Encha seu Cálice

1. Leia Gálatas 1.6-9; 2.16.
   a) Que acontecimento surpreendeu Paulo (v. 6)? Por que isso o deixou surpreso?
   b) O que provocou esse evento surpreendente (v. 7)?
   c) Que grande afirmação Paulo faz no versículo 8? Por que ele diz isso com tanta firmeza?
   d) Qual a importância da repetição que ele faz de sua forte declaração no versículo 9?
   e) Como uma pessoa fica justificada diante de Deus segundo Gálatas 2.16?
   f) Quem fica justificado diante de Deus por meio de um comportamento perfeito (Gl 2.16)?

2. Leia 2 Samuel 9.1-13.
   a) Por que Davi mostra tal bondade a Mefibosete (v. 1)?
   b) Por que Davi disse a Mefibosete para não temer (v. 7)? Por que ele poderia sentir medo?
   c) Como Mefibosete via a si mesmo (v. 8)?
   d) Que privilégio Mefibosete recebeu (v. 11)?
   e) Por que você acha que a história se resume no versículo 13? Qual é o ponto central?

Beba profundamente

Sempre que a graça genuína aparece, faz uma enorme diferença na vida daqueles que são tocados. Para uma pequena mudança de ritmo, planeje uma noite para reunir amigos e juntos assistirem ao filme *Os Miseráveis*, uma adaptação da obra clássica de Victor Hugo. Observe especificamente algumas ilustrações da graça em ação. Em seguida, discutam o que viram, em especial quanto à forma como a graça é retratada.

Além disso, se quiser aprender mais acerca da graça de Deus, principalmente sobre como ela pode mudar seu modo de viver, considere ler um bom livro a respeito do assunto.

4
Quando a Morte se Transforma em Nascimento

Venha à Fonte

1. Muitos de nós choramos ao pensar na morte. Você chora? Você tem medo da morte? E esse medo tem roubado a alegria de sua vida?
   a) Responda a cada uma das perguntas feitas pelo Max.
   b) Por que contemplar a morte é difícil para a maioria de nós, e ainda mais falar sobre ela?
   c) Por que freqüentemente descrevemos a morte de uma pessoa querida como "perda"?

2. Por que Jesus deixou Lázaro morrer apenas para chamá-lo de volta? Para mostrar quem está no controle. Para demonstrar a força inesgotável do Único que ficou face a face com a morte e declarou: "Você chama isso de morte? Chamo isso de escada rolante".
   a) Por que você acha que Jesus deixou Lázaro morrer?
   b) De que forma Jesus faz da morte uma escada rolante?

3. O medo da morte acaba quando você sabe que o céu é o seu verdadeiro lar.
   a) Como o fato de saber que o céu é o seu verdadeiro lar altera seu pensamento sobre a morte?
   b) Por que muitos cristãos ainda têm medo da morte?
   c) Descreva seu verdadeiro lar.

4. Dê sua morte a Deus. Imagine seu último suspiro, visualize seus minutos finais e os ofereça ao Senhor. Deliberadamente. Regularmente.
   a) O que você visualiza quando pensa em seus minutos finais?
   b) O que significa "dar sua morte a Deus"? Você fez isso? Explique.

c) Por que é sábio pensar regularmente em sua própria morte? Como você pode evitar que isso se torne mórbido?

Encha seu Cálice

1. Leia Hebreus 9.27,28.
a) Qual é o destino de todo homem e de toda mulher (v. 27)?
b) O que acontece depois desse evento (v. 27)?
c) O que Cristo fez na primeira vez que veio a terra (v. 28)?
d) O que Cristo fará na segunda vez que vier a terra (v. 28)?

2. Leia Hebreus 2.14-16.
a) Por que Jesus teve de se tornar humano (v. 14)?
b) Que missão Jesus completou com sua morte (v. 14,15)?
c) Que grupo Jesus pretendia ajudar com sua morte (v. 16)?

3. Leia 1 Coríntios 15.54-58.
a) Quando os eventos descritos nesta passagem acontecerão?
b) O que acontece especificamente (v. 54)?
c) Como você responderia às questões no versículo 55?
d) Que causa e efeito são descritos no versículo 56? O que concede o poder?
e) Que vitória é descrita no versículo 57? Quem conquista essa vitória? Quem desfruta essa vitória?
f) Qual é a conclusão de Paulo a partir da verdade que declarou (v. 58)? Como essa verdade deve influenciar nossas vidas?

Beba profundamente

Para ajudá-lo a atacar sua morte, escreva seu próprio obituário. Faça isso como quiser, longo ou curto, mas certifique-se de que reflita a realidade de sua vida, não apenas a maneira como espera ser lembrado. O que você acha que as pessoas realmente diriam a seu respeito?

5
Com o Coração Rumo ao Lar

Venha à Fonte

1. O céu não conhece enteados ou netos. Você e Cristo partilham o mesmo testamento. A herança dEle também é sua. Você está indo rumo ao lar.
   a) O que significa dizer que o céu não conhece enteados ou netos?
   b) O que deve acontecer primeiro para que Cristo e você partilhem a mesma vontade?
   c) Quando você considera o céu como o seu verdadeiro lar, que diferença isso faz no modo como vive agora?

2. Deixe seu corpo com bursite lembrar-lhe de seu corpo eternal; deixe os dias movidos a drogas inspirarem pensamentos de uma paz inesgotável. Você foi acusado falsamente? Está acostumado com o abuso? Difamações fazem parte desta vida, mas não da próxima. Em vez de ter inveja dos problemas da vida, ouça-lhes.
   a) Como você pode permitir que os problema que está enfrentando o façam lembrar de seu lar eternal?
   b) O que tem mais tendência para perturbá-lo? Como você pode usar isso para inspirar "pensamentos de uma paz inesgotável"?
   c) Você tem a tendência de invejar os problemas da vida ou de ouvi-los? Explique.

3. Quanto mais você bebe da fonte de Deus, mais deseja que chegue a hora. Cada batida do ponteiro dos segundos deixa você mais perto da adoção completa.
   a) De que maneiras você "bebe da fonte de Deus"?
   b) Faça uma lista das coisas terrenas das quais você não sentirá falta.
   c) O que mais lhe conforta em relação à sua futura "adoção completa"? Explique.

4. Bênçãos e responsabilidades. Ambos podem nos despertar do sono. Os presentes intensificam a saudade do lar. As lutas também. Cada dia fora de casa nos aproxima do dia em que nosso Pai virá.
   a) Descreva algumas bênçãos que tem lhe despertado do sono.
   b) Descreva algumas responsabilidades que tem lhe despertado do sono.
   c) Que imagens lhe vêm à mente quando você pensa no dia em que seu Pai virá lhe buscar?

Encha seu Cálice

1. Leia Romanos 8.15-25.
   a) Que duas coisas são colocadas em contrate no versículo 15? O que é importante lembrar acerca desse contraste?
   b) O que (ou quem) nos faz lembrar de nossa verdadeira identidade (v. 16)?
   c) Que promessa é feita no versículo 17? Que conselho é dado?
   d) Que duas coisas são comparadas no versículo 18? Qual é o ponto da comparação?
   e) Que evento futuro é descrito nos versículos 19 a 21?
   f) Quer verdade é proclamada no versículo 22?
   g) Que verdade presente e realidade futura são proclamadas no versículo 23?
   h) O que nos é dito para fazermos no versículo 24?
   i) O que nos é dito para fazermos no versículo 25?

2. Leia Gálatas 4.4-7.
   a) Que acontecimento é descrito no versículo 4?
   b) Que duas coisas Cristo fez por nós segundo o versículo 5?
   c) Que clamor sai de nosso coração, de acordo com o versículo 6? Quem motiva esse clamor?
   d) Que promessa é feita no versículo 7?

Beba profundamente

Para lembrar-lhe de sua herança em Cristo, siga passos para colocar sua vontade em ordem. Enquanto considera seu próprio estado e para onde deseja ir depois de sua morte, traga conscientemente à memória a herança maravilhosa que Cristo lhe tem concedido.

6
Esperança para a Cidade Fatigada

Venha à Fonte

1. Eu costumava pensar que havia dois tipos de pessoas: as salvas e as não-salvas. Paulo me corrigiu ao descrever um terceiro tipo: os *salvos, porém carnais.*
   a) Descreva uma pessoa salva.
   b) Descreva uma pessoa não-salva.
   c) Descreva uma pessoa salva, mas carnal.
   d) Qual dessas três você é? Explique.

2. Uma pessoa espiritual é dependente do Espírito, é dirigida e controlada por Ele. É alguém que anda no Espírito (Gl 5.16). Ao contrário, a pessoa que não é espiritual, infelizmente, age "segundo os homens" (1 Co 3.3). Na linguagem, no estilo de vida, prioridades e personalidade, elas são semelhantes aos não-cristãos. Elas permitiram que Deus as salvasse, mas não que as transformasse.
   a) Descreva algumas diferenças esperadas entre as atitudes dos cristãos e das "pessoas do mundo".
   b) Como a sua linguagem se compara a dos não-cristãos? E seu estilo de vida? Prioridades? Personalidade?
   c) Que áreas de sua vida você acha que Deus mais quer mudar?

3. O salvo carnal vê a salvação da maneira que um fazendeiro vê um hectare de terra não-cultivada — muito trabalho a fazer. *Comparecer à igreja, resistir ao pecado — não é o suficiente?* Não se admire se eles estiverem cansados.
   a) Você vê a vida cristã como "muito trabalho a fazer"? Explique.
   b) Quais são os riscos dessa visão de cristianismo?
   c) Seja sincero. Você sente cansaço em sua caminhada com Cristo? Explique.

4. Encher de uma vez anualmente ou ingestões mensais não funcionarão. Você está caminhando no Vale da Morte, e aquela miragem que você vê não é uma miragem, mas, na verdade, o rio que você precisa. Mergulhe e beba.
   a) Quais são as maneiras mais pessoais de você "se encher" do Salvador?
   b) Que imagem ou metáfora está adequada a essa idéia com mais clareza para você? Por quê?
   c) De que forma "experimentamos" Deus com mais freqüência do que o "bebemos"?

Encha seu Cálice

1. Leia Gálatas 3.1-14.
   a) Que pergunta Paulo faz no versículo 2? Que resposta ele está esperando? Por que isso é crucial?
   b) Que pergunta Paulo faz no versículo 3? Que resposta ele está esperando?
   c) Que pergunta Paulo faz no versículo 4? Que resposta ele está esperando?
   d) Que pergunta Paulo faz no versículo 5? Que resposta ele está esperando?
   e) Que exemplo Paulo apresenta nos versículos 6 a 9? Como esse exemplo ilustra seu argumento?
   f) Que princípio geral é apresentado no versículo 10?
   g) Que princípio geral é apresentado no versículo 11?
   h) O que Cristo fez por nós, segundo o versículo 13?
   i) Por que Cristo fez isso por nós, de acordo com o versículo 14?

2. Leia Efésios 5.18.
   a) Nesse versículo, os crentes são instruídos a fazer o quê?
   b) Ao contrário, o que são instruídos a fazer?
   c) Descreva alguém que você conhece e que parece estar cheio do Espírito.

Beba profundamente

Às vezes, a melhor cura para os moradores da cidade Fatigada é simplesmente descansar por algum tempo na presença de Deus — nenhum outro compromisso, nenhuma outra atividade. Desligue o celular, vá a um lugar tranqüilo e passe, pelo menos, uma ou duas horas na presença de Deus — só você e Ele. "Aquietai-vos e sabei que eu sou Deus" (Sl 46.10).

7
Esperando o Poder

Venha à Fonte

1. Mesmo depois de várias conversas em volta da fogueira e um álbum de recortes cheio de momentos de fazer cair o queixo, alguns discípulos resistiam. *Ainda não tenho certeza.*
   a) O que você acha que impedia que esses discípulos não tivessem certeza acerca de Jesus?
   b) O que você acha que nos impede de termos certeza acerca de Jesus?
   c) De que maneira(s) você às vezes se sente incerto acerca de Jesus?

2. Duvidosos tornaram-se profetas. Pedro pregou, e pessoas vieram, e Deus abriu as comportas sobre o maior movimento na história. Isso começou porque os seguidores estavam dispostos a fazer uma coisa: esperar no lugar certo pelo poder.
   a) O que transformou duvidosos em profetas?
   b) Por que você acha que Deus esperou até enviar o Espírito aos discípulos? Por que Ele não o enviou imediatamente após a ascensão de Cristo aos céus?
   c) Deus está lhe pedindo para esperar alguma coisa agora? Se está, o que você acha que Ele quer lhe ensinar?

3. A oração incessante pode parecer complicada, mas não tem de ser assim... Pense menos na oração como uma atividade para Deus e mais como um contato com Deus. Procure viver em constante relação com Ele. Reconheça sua presença onde quer que você vá.
   a) O que precisa mudar para que você comece a pensar na oração como "um contato com Deus"?
   b) De que novas formas você pode reconhecer a presença de Deus?

c) O que você espera que aconteça quando reconhecer a presença de Deus onde quer que vá?

4. Apenas me pergunto o que aconteceria hoje se nós, que *ainda* lutamos, fizéssemos o que eles fizeram: esperássemos no Senhor no lugar certo.
   a) De que forma você luta para ter fé?
   b) Como o Senhor está pedindo que você espere por Ele?
   c) O que aconteceu no passado quando você esperou no Senhor no lugar certo? Descreva sua experiência.

ENCHA SEU CÁLICE

1. Leia Mateus 28.16,17.
   a) Que grupo é descrito nessa passagem? O que estavam fazendo? Por que agiam assim?
   b) Que duas coisas aconteceram quando dois membros desse grupo viram a Jesus?

2. Leia Lucas 24.49 e Atos 1.4,5.
   a) Sobre que promessa Jesus estava falando em Lucas 24.49? Como Ele os instruiu para receberem os benefícios dessa promessa?
   b) Que ordem Jesus deu aos seus seguidores em Atos 1.4? Que promessa Ele menciona?
   c) Que promessa Jesus fez no versículo 5? Como ela se relaciona a sua afirmação anterior?

3. Leia Atos 2.1-4.
   a) Que grupo é descrito no versículo 1? Por que estavam lá?
   b) Que som essas pessoas ouviram (v. 2)? Qual é o significado disso?
   c) O que essas pessoas viram (v. 3)? Qual é o significado disso?
   d) O que aconteceu a essas pessoas (v. 4)? O que resultou dessa atividade?
   e) Que lições aprendemos nessa passagem para nossa vida hoje?

BEBA PROFUNDAMENTE

Faça um estudo pessoal sobre o poder do Espírito na Igreja Primitiva. Por alguns dias ou semanas, sente-se com sua bíblia e leia o livro de Atos, observando em particular as passagens em que a atuação do Espírito é mencionada de forma específica. Você pode se surpreender com as diversas maneiras como o Espírito move em poder!

8
A Luva de Deus

Venha à Fonte

1. O que Jesus fez na Galiléia é o que o Espírito Santo faz em nós. Jesus *habitava entre* o povo, ensinando, confortando e convencendo. O Espírito Santo *habita em nós*, ensinando, confortando e convencendo.
   a) O Espírito Santo habita em você? Como você tem certeza disso?
   b) o que o Espírito Santo tem lhe ensinado nesses dias?
   c) Como o Espírito Santo tem confortado você nesses dias?
   d) O Espírito Santo está convencendo-o de que nesses dias?

2. Suas ações interrompem o fluir do Espírito em sua vida?
   a) O que significa interromper o fluir do Espírito em sua vida?
   b) Como as ações de alguém interrompem o fluir do Espírito?
   c) Como você sabe quando suas ações interrompem o fluir do Espírito em sua vida? O que você faz a respeito?

3. O pecado encoberto interfere na circulação do Espírito. O pecado confessado, no entanto, conecta o cabo e restaura o poder.
   a) Defina "pecado encoberto". Esse é um problema comum em sua vida? Explique.
   b) O que é preciso para que você confesse seus pecados a Deus?
   c) Por que a confissão do pecado é tão importante na vida de um cristão?

4. *Aceite* seu poder... *Renda-se* ao seu plano... E *continue*.
   a) Como você pode aceitar o poder de Deus nas circunstâncias que está enfrentando?
   b) O que significa *hoje* para você render-se aos planos de Deus?
   c) Por que é importante manter essa disciplina?

Encha seu Cálice

1. Leia Gálatas 2.19,20.
   a) O que significa estar crucificado com Cristo?
   b) Como Paulo, você pode dizer que "vivo não mais eu"?
   c) O que significa dizer que "Cristo vive em mim"?
   d) Como alguém vive "na fé do Filho de Deus"?
   e) Que duas coisas Paulo nos lembra sobre Cristo na última frase do versículo 20?

2. Leia Romanos 8.5-11.
   a) Como você pode dizer se está vivendo em sua própria força, segundo o versículo 5? Como você pode dizer se está vivendo no poder de Deus?
   b) Que dois modos de vida são descritos no versículo 6? Como eles são diferentes quanto ao resultado?
   c) Como Paulo descreve a inclinação daqueles que tentam viver por suas próprias forças (v. 7)?
   d) Que afirmação Paulo faz acerca daqueles que não descansam no poder de Deus (v. 8)?
   e) Que definição de cristão Paulo apresenta no versículo 9?
   f) Que princípio geral para a vida cristão Paulo nos dá nos versículos 10,11?

3. Leia Efésios 4.25-32.
   a) O que devemos evitar, segundo essa passagem?
   b) O que devemos buscar, segundo essa passagem?
   c) Como a realização de ambas as coisas depende de sermos cheios do Espírito Santo?

Beba profundamente

O que significa ser cheio do Espírito? Muitos crentes complicam isso. Na verdade, trata-se apenas de convidar o Espírito para realizar sua obra em você e através de você. Se você não está familiarizado com essas obras, tente experimentar por uma semana. Tenha sempre em mãos um caderno de anotações. Então, ao longo da semana, sempre que enfrentar uma tentação, uma decisão ou problema difícil ou algum outro desafio, ore para que o Espírito de Deus lhe dê orientação e força — ou faça o que você precisa que Ele faça —, anote o pedido no caderno. Quando terminar a semana, volte ao caderno e veja como o Espírito realmente encheu você e fez várias coisas memoráveis em sua vida.

9
Não Compete a Você

Venha à Fonte

1. O Espírito Santo invisivelmente, embora de modo indispensável, funciona como o leme para o barco de sua alma, mantendo você navegando e na rota. Essa não é uma viagem individual.
   a) Como o Espírito Santo serve de leme para o seu barco?
   b) Quando você se sente como se estivesse sozinho na batalha, como pode lembrar-se de que o Espírito de Deus está em você?
   c) Descreva um momento específico quando o Espírito Santo manteve você "navegando e na rota".

2. Quando intrusos infernais vêm para roubá-lo de Deus, o selo os faz retornar. O Senhor comprou você, o possui e o protege. Deus pagou um preço alto demais para deixá-lo desprotegido.
   a) Com suas palavras, descreva p "selo" do Espírito Santo.
   b) Como isso lhe faz sentir que Deus o guarda por intermédio do Espírito Santo?
   c) Descreva um momento quando o Espírito Santo o protegeu e livrou de uma injustiça.

3. O pai não tinha a intenção de deixar o menino cair.
   Seu Pai também não tem a intenção de deixá-lo cair. Você não pode vê-lo, mas Ele está presente.
   a) Em que situações você mais tem a sensação de que vai cair?
   b) Como seu Pai o protege da queda?
   c) Por que você acha que tantas obras de Deus permanecem invisíveis aos nossos olhos?

4. O órfão empobrecido da Rússia, a viúva desesperada, o cristão dedicado envelhecendo no asilo — eles podem achar que não têm voz, influência ou poder. Mas têm um amigo — um conselheiro, um consolador — o bendito Espírito de Deus, que fala a língua do céu no céu.
   a) Quando você mais tem a sensação de que não tem voz, influência ou poder no céu? Como você combate isso?
   b) Como isso lhe faz sentir que o Espírito de Deus intercede por você?
   c) O que você pode fazer para ajudar outras pessoas a saberem que têm voz e influência no céu?

Encha seu Cálice

1. Leia Efésios 1.13,14; 4.30.
   a) O que acontece com todos que crêem em Cristo (v. 13)?
   b) Qual é um importante papel do Espírito em nós (v. 14)?
   c) Que dia futuro o versículo 14 menciona?
   d) Por que Paulo nos lembra desse dia em Efésios 4.30? Somos alertados a não fazer o quê?

2. Leia Romanos 8.26,27.
   a) Por que o Espírito intercede por nós em nossas orações (v. 26)? Como isso pode nos dar grande esperança?
   b) Como podemos ter certeza de que essas orações sempre são eficazes (v. 27)? Como isso pode nos dar grande esperança?

Beba profundamente

Faça uma lista dos maiores desafios que você está enfrentando nesse momento. Não importa se estão ocorrendo em sua casa, no trabalho, na igreja, na vizinhança, ou em qualquer outro lugar; escreva-os. Que estratégias você usa para enfrentar esses desafios? Suas tentativas têm funcionado? Entregue cada uma dessas preocupações ao Senhor, lembrando-se em cada situação de que você não está sozinho na batalha. Tenha um diário para registrar (1) os dias em que orou a respeito dos desafios; (2) qualquer mudança que observou em sua atitude ou nível de ansiedade; (3) como Deus respondeu suas orações.

10
Em Deus (quase) Confiamos

Venha à Fonte

1. Tufões testam nossa confiança no Capitão. Deus sabe o que está fazendo? Ele pode nos livrar? Por que Ele permite a tempestade?
   a) Como tufões testam a sua confiança no Capitão?
   b) Qual foi a última vez que você se perguntou: *Deus, você sabe o que está fazendo?*
   c) Descreva uma experiência de tufão que fez com que você clamasse pelo resgate do Capitão. O que essa experiência fez por sua fé?

2. Nenhuma luta surgirá em seu caminho sem o propósito, a presença e a permissão de Deus. Que encorajamento isso traz! Você nunca é a vítima da natureza ou do destino. A chance é eliminada. Você é mais que um cata-vento movido pelos ventos da sorte.
   a) Saber que nenhuma luta surge em seu caminho sem o propósito, a presença e a permissão de Deus lhe traz conforto? Explique.
   b) Como a chance ou o destino são eliminados da vida do crente?
   c) Quando uma coisa ruim lhe acontece, como você busca o propósito e a presença de Deus?

3. Quando alguém que você ama enfrentar a adversidade, não declare de modo insensível: "Deus está no controle". Um tom arrogante pode ofuscar a verdade genuína. Seja cuidadoso.
   a) por que é ruim declarar: "Deus está no controle", sem levar em consideração as particularidades da situação?

b) Descreva uma vez quando você viu alguém violar essa norma. O que aconteceu?
c) De que forma um "tom arrogante" tende a ofuscar a verdade genuína?

4. Os métodos de Deus estão sempre certos. Eles podem não fazer sentido para nós. Podem ser misteriosos, inexplicáveis, difíceis e até dolorosos. Mas estão sempre certos.
   a) Como sabemos que os métodos de Deus estão sempre certos?
   b) Descreva uma situação quando os métodos de Deus pareciam não ter sentido para você. A percepção tardia do que deveria ter sido feito lhe trouxe algum esclarecimento? Se sim, explique.
   c) Por que é importante lembrar-se de que os métodos de Deus estão sempre certos?

Encha seu Cálice

1. Leia Daniel 4.1-37.
   a) O que Nabucodonosor, o rei mais poderoso de seu tempo, aprendeu acerca da lei da soberania de Deus (vv. 1-3)?
   b) Qual foi o sonho do rei (vv. 4-18)? Por que esse sonho o amedrontou tanto?
   c) Qual foi a interpretação apresentada por Daniel (vv. 19-26)?
   d) Que conselho Daniel deu ao rei (v. 27)?
   e) O que aconteceu ao rei quando ignorou o conselho de Daniel (vv. 29-33)?
   f) Como a experiência do rei mudou sua perspectiva (v. 34)?
   g) A que conclusão o rei chegou acerca da lei da soberania de Deus (vv.35-37)?

2. Leia Lucas 22.39-44.
   a) Que pedido Jesus fez ao Pai no versículo 42?
   b) Que resposta Ele recebeu?
   c) O que era mais importante para Jesus do que receber uma resposta afirmativa para o seu pedido?
   d) Como Deus mostrou a Jesus que ouvira sua oração, mesmo não tendo concedido o que pedira (v. 43)?
   e) Como você sabe que esse era um pedido sincero (v. 44)?

f) Como esse episódio revela que Jesus disse a verdade em João 4.34, 6.38,39 e 8.29?
g) Quais teriam sido as conseqüências se Jesus não tivesse confiado em Deus?

Beba profundamente

Quando falamos da soberania de Deus, às vezes a expressamos como uma doutrina fria, que não está muito ligada à vida real. Para lembrar-se de como a soberania de Deus funciona, leia o livro de Éster. Embora o nome de Deus não seja mencionado no livro, sua mão soberana é evidente. Em que ocasiões você a vê? De que maneiras as ações de Deus nesse livro ecoam o que Ele está fazendo em nossa própria vida?

Para uma ilustração bem diferente de como a soberania de Deus às vezes se expressa, leia o capítulo 4 de Daniel. Como as lições desse livro são diferentes das do livro de Ester?

11
Preocupado? Você não Tem de Ficar assim

Venha à Fonte

1. A preocupação não muda nada. Você não acrescenta um dia à sua vida ou um pouco de vida ao seu dia ficando preocupado. Sua ansiedade só lhe causa mal-estar, nada mais.
   a) Você tem a tendência de se preocupar com que tipo de coisas?
   b) Em uma semana, com que freqüência você disse estar preocupado com algo?
   c) Descreva que tipo de preocupação tem acompanhado você.

2. A preocupação denuncia uma fé frágil, uma "blasfêmia inconsciente". Não duvidamos de Deus de modo intencional, mas, quando nos preocupamos, não o fazemos essencialmente?
   a) Como a preocupação denuncia uma "fé frágil"? De que forma isso é uma "blasfêmia inconsciente"?
   b) Qual é o problema em duvidar de Deus?
   c) Selecione uma das preocupações que você citou na letra A da primeira questão. Se Você não está confiando em Deus para cuidar disso, está confiando em quem ou em que? O que você deve fazer para voltar-se para Deus?

3. A preocupação diminui à medida que olhamos para cima. Deus sabe o que pode acontecer nesta jornada, e quer nos levar ao lar.
   a) Por que a preocupação diminui à medida que olhamos para cima?
   b) Como o fato de sabermos que Deus quer nos levar ao lar contribui para diminuir a preocupação?
   c) Como você, pessoalmente, luta com a preocupação?

4. A prova de Deus é o passado dEle. O esquecimento gera medo, porém uma boa lembrança motiva um bom coração.
   a) Como pensar sobre o que Deus fez no passado lhe ajuda no presente?

b) Que boas coisas Deus fez por você na semana passada? No mês passado? No ano passado?
c) O que mais lhe causa medo? Como o "passado" de Deus lhe ajuda a superar esse medo?

Encha seu Cálice

1. Leia Filipenses 4.6-8.
   a) O que nos é dito para não fazermos, no versículo 6?
   b) Ao contrário, o que nos é dito para fazermos?
   c) Em relação particularmente a que devemos fazer isso?
   d) De que modo específico devemos fazer isso?
   e) Qual é o resultado prometido se fizermos isso (v. 7)?

2. Leia Mateus 6.24-32.
   a) De acordo com o versículo 24, quem deve ser nosso senhor?
   b) Como a submissão ao versículo 24 torna possível nossa obediência à ordem no versículo 25?
   c) Como a ilustração no versículo 26 anima nossa fé?
   d) Como você responderia à pergunta no versículo 27?
   e) Como você responderia à pergunta no versículo 28?
   f) Como a ilustração nos versículos 28 e 29 animam nossa fé?
   g) Como você responderia à pergunta no versículo 30?
   h) Como o comentário no versículo 32 nos motiva?

3. Leia 1 Pedro 5.7.
   a) Qual é a ordem nesse versículo?
   b) A quem essa ordem é direcionada?
   c) Qual é a razão apresentada para essa ordem?

Beba profundamente

Se você luta para controlar suas preocupações e ansiedade, pedir o auxílio de pessoas que passaram pelo mesmo problema pode ajudá-lo. Procure os conselhos de alguém cuja sabedoria você respeite.

Então, lembre-se de algumas palavras atribuídas a A. J. Cronin: "A preocupação nunca priva o amanhã de seus sofrimentos; apenas consome as forças do hoje". Diz-se que mais de 90% de nossas preocupações nunca acontecem . Faça um teste com essa afirmação em sua própria vida. Mantenha um "diário de preocupações" durante três meses. Divida cada página em duas colunas: "Com o que me preocupei" e "O dia em que essa preocupação realmente se concretizou". Quantas coisas com que se preocupou nesses três meses de fato ocorreram?

12
Anjos Guardando Você

Venha à Fonte

1. Se você crê na Palavra de Deus, tem de acreditar nos anjos. Ao mesmo tempo, você é confundido por eles.
   a) No que você crê acerca dos anjos?
   b) Por que a descrição bíblica dos anjos tende a nos confundir?
   c) Qual é a maior concepção errônea quanto aos anjos?

2. Dois adjetivos captam a grande verdade sobre os anjos: *muitos* e *poderosos*.
   a) Que diferença faz para você o fato de que os anjos são *muitos*?
   b) Por que você acha que a Bíblia nos mostra que os anjos são *poderosos*?
   c) Cite sua história bíblica preferida sobre anjos. Por que esta é a sua favorita?

3. Apenas um som importa para os anjos — a voz de Deus. Apenas uma visão os atrai — a face de Deus. Eles sabem que Ele é o Senhor de tudo.
   a) Você acha bom os anjos responderem apenas à voz de Deus? Explique.
   b) Para você, o que significa que Deus é o Senhor de tudo?

4. Rejeite a Deus, e corra os riscos da falta de proteção. Mas receba sua soberania, e tenha a garantia de que muitos anjos poderosos o guardarão em todos os seus caminhos.
   a) De que maneiras rejeitamos a Deus?
   b) O que significa receber a soberania de Deus?
   c) Você crê que anjos estão lhe guardando agora? Explique.

Encha seu Cálice

1. Leia Hebreus 1.6,7,14; 2.2,7,9; 12.22; 13.2.
   a) O que Deus ordenou que os anjos fizessem quando Cristo nasceu (1.6. Ver também Lc 2.8-15.)?
   b) Cite uma função angelical primária (1.7).
   c) Os anjos têm a responsabilidade de servir a quem (1.14)?
   d) Qual é a posição dos anjos entre as criaturas de Deus (2.7,9)?
   e) Cite outra função angelical (12.22).
   f) Sempre sabemos quando os anjos nos visitam (13.2)?

2. Leia Salmos 34.7; 35.1-6; 78.49; 103.20.
   a) Que promessa nos é dada em Salmos 34.7?
   b) Que função angelical é descrita em Salmos 35.5,6?
   c) Que função angelical é descrita em Salmos 78.49?
   d) Que funções angelicais são descritas em Salmos 103.20?

Beba profundamente

Se você quiser obter uma descrição bíblica mais completa da natureza e atividade dos anjos, pegue uma boa concordância e procure as palavras *anjo* e *anjos*. Então, faça um estudo de todas as referências que encontrar. Mas esteja preparado para muito trabalho, pois as Escrituras usam esses termos mais de trezentas vezes! Você também pode se beneficiar do que outras pessoas escreveram sobre os servos angelicais de Deus.

13
Deus como o seu Protetor

Venha à Fonte

1. Deus observa cada pessoa que vem em sua direção. Enquanto você caminha, Ele orienta. Enquanto você dorme, Ele vigia.
   a) Você vê a Deus como o seu protetor? Explique.
   b) De que forma Deus tem orientado você?
   c) Descreva uma situação em que Deus vigiava enquanto você dormia.

2. O que é ruim para uma criança nem sempre o é para um pai. O que você e eu podemos classificar como um desastre absoluto, Deus pode considerar como um problema semelhante a uma espinha que logo vai desaparecer.
   a) Cite algumas coisas que parecem ruins para uma criança, mas não o são para os pais.
   b) Descreva um momento em sua vida quando experimentou um "desastre absoluto". Você viu as mãos de Deus nessa situação? Explique.
   c) Como Deus mostrou sua fidelidade particularmente?

3. Deus usa as lutas para fortalecer nossa vida espiritual.
   a) Como as lutas podem fortalecer nossa vida espiritual?
   b) Como Deus tem usado as lutas para fortalecer sua vida espiritual?
   c) De que maneiras é útil lembrar de que Deus usa as lutas para fortalecer nossa vida espiritual?

4. Deus protege aqueles que se voltam a Ele. Os golpes que você sente não sugerem que Ele esteja distante, mas provam sua proximidade. Confie em sua soberania. Ele não merece sua confiança?

a) O que significa voltar-se para Deus? Isso acontece de uma vez? Explique.

b) Que "golpe" você está sentindo agora? Como isso pode sugerir a proximidade de Deus mais do que sua distância?

c) O que significa confiar na soberania de Deus? Como você pode aprender a fazer isso mais e mais?

Encha seu Cálice

1. Leia Salmos 91.1-16.

   a) Como o salmista retrata a Deus nos versículos 1 e 2? Que imagens ele usa?

   b) Que imagens adicionais são usadas nos versículos 3 a 8? Como cada uma dessas imagens foi projetada para aumentar nossa confiança em Deus?

   c) Que promessa é feita nos versículos 11 e 12? Como o Diabo usa essa promessa de forma errônea? (Veja Mt 4.5-7.) O que podemos aprender nesse confronto entre Jesus e Satanás acerca dessa promessa?

   d) Que razão o Senhor nos dá para suas ações no versículo 14?

   e) Que promessas Deus nos dá nos versículos 15 e 16? Como uma perspectiva eternal da vida nos ajuda a entender as promessas de Deus?

2. Leia Tiago 1.2-4.

   a) O que Tiago nos diz para fazermos quando os problemas surgirem em nosso caminho (v. 2)?

   b) Que razão Tiago nos dá para essa instruções (v. 3)?

   c) Qual é o resultado da obediência à instrução de Tiago (v. 4)?

Beba profundamente

Faça uma análise de sua vida, especialmente os últimos dez anos, e pergunte-se: "Que coisas que antes eu considerava ruins agora considero boas? Como Deus usou os acontecimentos 'ruins' em minha vida para o meu bem?" Depois de completar á revisão de sua história pessoal, certifique-se de agradecer a Deus pelo seu bom cuidado — mesmo quando você não achava que deveria ser assim.

14
Indo mais Fundo

Venha à Fonte

1. Algumas pessoas podem amar você por sua causa. Mas Deus não. Ele o ama porque Ele é Ele, porque decidiu amá-lo. Auto-existente, sem princípio e espontâneo, seu nível constante de amor depende de sua própria escolha em concedê-lo.
   a) Em sua vida, quem ama você por sua causa?
   b) O que significa dizer que Deus o ama porque Ele é Ele? Como essa verdade lhe dá confiança?
   c) Discuta sobre cada elemento do amor de Deus mencionado acima: auto-existente, sem princípio, espontâneo, nível constante. De que forma cada um desses termos expande sua concepção do amor de Deus?

2. O sucesso indica o amor de Deus não mais que as lutas indicam sua ausência. O padrão definitivo, sancionado por Deus, não é um bom dia ou um acontecimento ruim, mas os últimos momentos de vida de seu Filho. Considere-os com freqüência.
   a) Por que o sucesso não é, necessariamente, um sinal do amor de Deus? Por que as lutas não indicam ausência do amor de Deus?
   b) Como os momentos da morte de Jesus demonstram melhor o amor de Deus?
   c) Como você pode se disciplinar para pensar com freqüência sobre o sacrifício de Cristo? Cite algumas atitudes práticas que você poderia começar hoje.

3. Permanecer no amor de Cristo é fazer do amor dEle o seu lar. Não uma pousada de beira de estrada ou um quarto de hotel que você visita ocasionalmente, mas sua habitação preferida.
   a) Para você, o que significa "permanecer no amor de Cristo"?
   b) Como você pode fazer do amor de Cristo a sua "habitação preferida"?

c) O que tem a tendência de impedir que você permaneça no amor de Cristo? Como você pode superar esse obstáculo?

4. O amor de Deus não pode ser legislado, mas escolhido. Escolha-o. Pelo bem de seu coração. Pelo bem de seu lar. Por Cristo e por você, escolha o amor.
   a) Você escolheu o amor de Deus? Por quê?
   b) Como escolher o amor de Deus melhora seu coração? Como melhora seu lar?
   c) Como escolher o amor de Deus beneficia a Cristo ("Por Cristo")?

Encha seu Cálice

1. Leia Efésios 3.16-19.
   a) Em prol de que Paulo está orando no versículo 16?
   b) Qual era o propósito dessa oração (v. 17)?
   c) Pelo que mais Paulo ora no versículo 17/
   d) Como o apóstolo descreve o amor de Deus nos versículos 18 e 19?
   e) Qual foi a oração final de Paulo no versículo 19?

2. Leia João 15.1-8.
   a) A que Jesus se compara no versículo 1? A que Ele compara seu Pai? Qual é o significado de ambas as imagens?
   b) Que atividade divina Jesus descreve no versículo 2?
   c) Que princípio geral da vida cristã está estabelecido no versículo 4?
   d) Que promessa é dada no versículo 5?
   e) Que advertência é dada no versículo 6?
   f) Que promessa adicional é dada no versículo 7? Essa promessa depende de quê?
   g) O que dá glória a Deus, segundo o versículo 8? Como isso fornece uma evidência do relacionamento com Cristo?

Beba profundamente

Talvez uma das melhores formas de celebrar o maravilhoso amor e graça de Deus é partilhar esse amor e graça com os outros. Quem em sua vida — parente, colega de trabalho, vizinho, irmão da igreja — mais precisa de encorajamento agora? Pense em alguma forma especial, ou mesmo incomum, de mostrar a essa pessoa o amor de Deus. E lembre-se disso: *você* não é o centro das atenções! Talvez você pudesse fazer algo anonimamente e deixar a pessoa querendo saber quem foi tão atencioso. Às vezes, demonstrações secretas da graça são as mais prazerosas!

15
Você Ouviu a Porta Rangendo?

Venha à Fonte

1. "Negue a Jesus", Pedro testificou, "e Ele ainda o amará". "Duvide de Jesus", Tomé acrescentou, "e o mesmo é verdade".
   a) Como Jesus ainda pôde amar Pedro mesmo depois que ele o negou?
   b) Como Jesus ainda pôde amar Tomé depois que este duvidou dEle?
   c) Se Jesus ainda nos ama apesar do que fazemos, a maneira como vivemos é importante? Explique.

2. Você tem convicção de que nunca viveu um dia sem amor? Nem um? Nunca "não amado". Aquelas vezes que você abandonou a Cristo? Ele o amava. Você se escondeu dEle; Ele procurou por você.
   a) Responda à pergunta anterior.
   b) De que maneiras você já abandonou a Cristo? O que aconteceu?
   c) Como Jesus procurou por você?

3. A porta da prisão nunca se fecha. O estoque de amor de Deus nunca fica vazio.
   a) Como sabemos que o estoque de amor de Deus nunca está vazio?
   b) Como você experimentou o amor de Deus recentemente?
   c) Como você pode mostrar o amor de Deus aos outros hoje?

4. A grande notícia da Bíblia não é que você ama a Deus, mas que Deus ama você; não que você pode conhecer a Deus, mas que Deus já conhece você! Ele escreveu seu nome na palma de sua mão. Os pensamentos dEle sobre você excedem em número a areia da praia. Você nunca sai da mente dEle, escapa de sua vista, foge de seus pensamentos. Ele vê o pior de você e o ama ainda assim.
   a) Como você se sente sabendo que Deus lhe conhece completamente e ainda assim o ama?

b) Como você se sente sabendo que Deus escreveu seu nome na palma de sua mão?

c) O que imagina que Deus esteja pensando sobre você neste momento?

Encha seu Cálice

1. Leia Romanos 8.31-39.
   a) Que pergunta é feita no versículo 31? Qual é a resposta esperada?
   b) Quer pergunta é feita no versículo 32? Qual é a resposta esperada?
   c) Quer perguntas são feitas no versículo 33? Quais são as respostas esperadas?
   d) Que perguntas são feitas no versículo 34? Qual é a resposta do apóstolo?
   e) Que perguntas são feitas no versículo 35? Qual é a resposta esperada?
   f) Qual é o propósito da citação bíblica no versículo 36?
   g) Como o apóstolo vê as tribulações da vida quando vistas de sua íntima comunhão com Deus (v. 37)?
   h) A que conclusão o apóstolo chega nos versículo 38,39?

2. Leia João 4.7-12.
   a) Que instrução é dada no versículo 7? Qual é o motivo dessa instrução? Que verdade geral é expressa?
   b) Que afirmação ousada é feita no versículo 8? Qual é o motivo dessa afirmação?
   c) Que maior prova do amor de Deus é citada no versículo 9?
   d) O que é o verdadeiro amor, segundo o versículo 10?
   e) Que instrução é dada no versículo 11? Qual é a base dessa instrução?
   f) Como os outros podem ver o Deus invisível e seu amor?

Beba profundamente

Para ajudá-lo a se lembrar do que Paulo disse: "Se formos infiéis, ele permanece fiel; não pode negar-se a si mesmo" (2 Tm 2.13), sugiro um pequeno exercício que pode ser um pouco desconfortável. Sente-se e faça uma lista de maneiras específicas como você acredita ter falhado em relação ao Senhor no último ano (não faça isso de modo tão depressivo). Depois que terminar a lista, queime-a — e recorde-se da bondade do Senhor. Em seguida, agradeça-lhe alegremente e louve-o por quem Ele é e pelo que tem feito!

16
Encarando a Eternidade sem Medo

Venha à Fonte

1. A evidência está dentro. A verdade está fora. E o policial está em pé ao lado de sua porta. Ninguém gosta da idéia de julgamento.
   a) Que pensamentos e emoções o julgamento provoca em você?
   b) Por que você acha que a Bíblia fala tanto sobre julgamento?

2. Você não será absolvido ou condenado pelos feitos de sua família, de sua igreja ou de sua nação. Você será julgado pessoalmente de acordo com uma questão: "O que você fez com Jesus?"
   a) Por que os atos de sua família, igreja ou nação não o ajudarão no julgamento que acontecerá?
   b) O que você tem feito com Jesus?
   c) Por que tudo depende de sua resposta à essa pergunta?

3. Deus vê os cristãos da mesma forma que vê a Cristo: sem pecados e perfeito. Conseqüentemente, os cristãos podem ver o julgamento como Cristo vê: com esperança e confiança.
   a) Como Deus vê os cristãos da mesma maneira que vê a Cristo?
   b) Você vê o dia do julgamento da mesma maneira que Cristo? Explique.
   c) O que lhe dá o direito de sentir esperança e confiança ao contemplar o julgamento de Deus? O que você fez para merecer esse direito?

4. Você não precisa ter medo do julgamento de Deus. Não hoje. Não no dia do Juízo. Jesus, à luz da glória de Deus, está falando em seu favor. "Esse é meu amigo", Ele diz. E quando Ele o faz, a porta do céu se abre.
   a) Você acha que Jesus o considera seu amigo? Explique.

b) Você espera que a porta do céu se abra para você no dia do julgamento? Explique.

Encha seu Cálice

1. Leia 1 João 4.16-18.
   a) O que significa conhecer o amor de Deus (v. 16)? Como isso é diferente de confiar ou descansar nele?
   b) Como o amor se completa ou se aperfeiçoa em nós (v. 17)? Que efeito esse amor tem em nós no dia do julgamento? De que forma específica João espera que os seguidores de Cristo sejam como Ele?
   c) Como o medo e o amor interagem (v. 18)? Se alguém teme o juízo divino, a que conclusão podemos chegar?

2. Leia Romanos 2.5-11; 14.10-12; 2 Coríntios 5.9,10.
   a) Que "dia" está em foco em Romanos 2.5?
   b) Que princípio geral do julgamento divino é descrito no versículo 6?
   c) Que grupo é descrito no versículo 7? O que eles podem esperar receber no julgamento (v. 10)?
   d) Que grupo é descrito nos versículos 8 e 9?
   e) Por que é importante reconhecer a verdade no versículo 11?
   f) Que outros detalhes desse evento são apresentados em Romanos 14.10-12?
   g) Que objetivo pessoal nos servirá bem quando o dia do juízo chegar (2 Co 5.9)?
   h) Que detalhes adicionais são apresentados em 2 Coríntios 5.10?

Beba profundamente

O Evangelho de Mateus apresenta um dos mais extensos ensinamentos sobre o Juízo Final que podemos encontrar nas Escrituras. Em um momento tranqüilo, leia Mateus 24.36—25.46. Coloque-se em cada uma das cenas descritas por Jesus. Onde você acha que se adapta?

Quando estiver pronto para outro estudo, leia 1 Tessalonicenses atentamente. Cada capítulo desse livro termina com uma referência à Segunda Vinda de Cristo. Faça uma lista com as várias lições que aprendeu sobre a volta de Cristo e passe um dia inteiro meditando sobre elas. Depois, faça uma análise pessoal para ver como seu estudo mudou e está mudando seu modo de viver.

17
Se Deus lhe Escrevesse uma Carta

Venha à Fonte

1. Se ninguém lhes dissesse, levariam a caixa para suas casas de chão sujo, colocariam em um lugar de destaque e ficariam a admirando e exibindo, mas nunca a abririam.
   Não fazemos o mesmo com Cristo? Não temos a tendência de mantê-lo em um lugar ao nosso alcance?
   a) Como mantemos a Cristo ao nosso alcance?
   b) Por que você acha que temos a tendência de manter a Cristo ao nosso alcance?
   c) O que você pode fazer hoje para experimentar pessoalmente o presente de Deus?

2. Por quais torneiras Deus tem derramado seu amor em sua vida? Uma igreja cheia de fé? Um cônjuge dedicado? Tradições que são mantidas ao longo do tempo? Uma namorada na faculdade ou uma avó na infância?
   a) Responda às perguntas anteriores.
   b) Por que você acha que Deus usa tantas "torneiras" para derramar seu amor?
   c) Como você pode ser uma "torneira" para que o amor de Deus seja derramado na vida de outras pessoas?

3. O tesouro é o próprio Doador. Em minha lista de coisas que gostaria de ter aprendido antes, essa verdade está perto do topo.
   a) Por que é tão fácil que nossos corações sejam conquistados pelas bênçãos de Deus em vez de o serem pelo próprio Deus?
   b) O que você valoriza mais a respeito de Deus? Por quê?

c) Como você pode se disciplinar para desejar mais o Doador do que suas bênçãos?

4. Max relaciona quatro coisas que podem nos ajudar a beber da fonte inesgotável de Cristo (que também são as quatro divisões principais do livro): aceite sua obra; descanse em sua força; confie em sua soberania; receba seu amor.

a) De que maneiras você aceitou a obra de Cristo em seu favor? De que forma você luta para aceitar esta obra?

b) Como você aprendeu a descansar na força de Deus? Como você ainda tem a tendência de descansar em sua própria força?

c) Em que áreas de sua vida você acha mais fácil confiar na soberania de Deus? Em que áreas de sua vida isso ainda é uma batalha?

d) Como você aprendeu a receber o amor de Deus? Quando você tem algum problema para receber esse amor?

Encha seu Cálice

1. Leia Jeremias 2.12,13.

a) Como você sabe que a declaração feita em Jeremias 2.13 é de enorme importância?

b) Que dois pecados as pessoas do tempo de Jeremias haviam cometido? Que troca eles haviam feito? O que foi tão insensato nessa troca? Como fazemos essa troca freqüentemente? Por que você acha que fazemos isso?

2. Leia Isaías 55.1-3.

a) A quem se dirige o versículo 1? Que convite é feito?

b) Que pergunta é feita no versículo 2? Que resposta poderia ser dada? Que promessa é feita?

c) Que benefício final é oferecido no versículo 3? Você aceitou esse benefício? Explique.

3. Leia João 7.37-39.

a) O que Jesus disse sobre si mesmo no versículo 37?

b) Que benefício Ele prometeu aos seus ouvintes (v. 39)?

c) O que os ouvintes tinham de fazer para desfrutar esse benefício (v. 38)?

Beba profundamente

Se pudesse escrever uma carta para Deus, que seria entregue hoje mesmo, o que você diria? Passe algum tempo escrevendo essa carta — de gratidão, de louvor, de petição, ou qualquer coisa que queira expressar em uma correspondência tão especial — e a ofereça a Deus. Guarde a carta em um lugar seguro e especial, e releia posteriormente, em especial quando enfrentar dias escuros e difíceis, a fim de dizer como o salmista: "Apesar disso, esta certeza eu tenho: viverei até ver a bondade do Senhor na terra" (Sl 27.13 – NVI).

Notas

CAPÍTULO 2: VACINAÇÃO CONTRA O PECADO

[1] I. D. E. Thomas, comp., *The Golden Treasury of Puritan Quotations* (Chicago: Moody Press, 1975), p. 266, citado em Bruce A. Demarest, *The Cross and Salvation: The Doctrine of Salvation* (Wheaton, IL: Crossway Books, 1997), p. 29.

[2] "Secrets of the Dead: Mystery of the Black Death", Public Broadcasting Service, http://www.pbs.org/wnet/secrets/case_plague/index.html and http://www.pbs.org/wnet/secrets/case_plague/clues.html.

CAPÍTULO 3: QUANDO A GRAÇA SE APROFUNDA

[1] Charles Swindoll, *The Tale of the Tardy Oxcart and 1.501 Other Stories* (Nashville: Word Publishing, 1998), p. 250.

[2] Ron Lee Davis with James D. Denny, *Mistreated* (Portland, OR: Multnomah Press, 1989), pp. 147,148.

CAPÍTULO 4: QUANDO A MORTE SE TRANSFORMA EM NASCIMENTO

[1] Rick Reilly, "Extreme Measures", *Sports Illustrated*, http://sportsillustrated.cnn.com./inside_game/rick_reilly/news/2003/05/20/life_of_reilly0519/3; Shane Burrows, "Cheating Death in Bluejohn Canyon", http://www.climb-utah.com/Roost/bluejohn2.htm; "Climber Describes Amputation Ordeal", CBS News, http://www.cbsnews.com/stories/2003/05/02/national/

main551979.shtml; "A Rational Choice", ABC News, http://abcnews.go.com/sections/GMA/US/GMA030506Climber_amputate.html.

[2] "Climber Recounts Canyon Ordeal", http://www.msnbc.com/news/908232.asp.

[3] Paul Aurandt, *Destiny and 102 Other Real Life Mysteries* (Nova Iorque: Bantam Books, 1983), p. 28.

[4] F. W. Boreham, *Life Verses: The Bible Impact on Famous Lives* (Grand Rapids: Kregel Publications, 1994), 1:118.

CAPÍTULO 5: COM O CORAÇÃO RUMO AO LAR

[1] "Corridors of Agony", *Time*, 27 de janeiro de 1992, citado em Maxie Dunnam, *This is Christianity* (Nashville: Abingdon Press, 1994), pp. 133,134.

CAPÍTULO 7: ESPERANDO O PODER

[1] Brother Lawrence, *The Practice of the Presence of God* (Old Tappan, NJ: Revell, 1958), p. 9.

[2] William Barclay, *The Acts of the Apostles* (Filadélfia: Westminster Press, 1976), p. 15.

CAPÍTULO 8: A LUVA DE DEUS

[1] C. S. Lewis, *Mere Christianity* (Nova Iorque: Macmillan Publishing Co., 1952), p. 167.

CAPÍTULO 9: NÃO COMPETE A VOCÊ

[1] William C. Frey, *The Dance of Hope: Finding Ourselves in the Rhythm of God's Great Story* (Colorado Springs, CO: WaterBrook Press, 2003), p. 174.

CAPÍTULO 10: EM DEUS (QUASE) CONFIAMOS

[1] Harold S. Kushner, *When Bad Things Happen to Good People* (Nova Iorque: Avon Books, 1983), pp. 42,43.

[2] Margaret Clarkson, *Grace Grows Best in Winter: Help for Those Who Must Suffer* (Grand Rapids: W. B. Eerdmans, 1984), pp. 40,41.

[3] John Oxenham, *Bees in Amber: A Little Book of Thoughtful Verse*, The Project Gutenberg, http://www.gutenberg.net/etext06/8bees10.txt.

CAPÍTULO 11: PREOCUPADO? VOCÊ NÃO TEM DE FICAR ASSIM

[1] "Biosphere 2 Today, A New Dynamic for Ecosystem Study and Education", http://www.accessexcellence.org/LC/ST/st4bg.html.

[2] Bob Russell com Rusty Russell, *Jesus, Lord of Your Personality: Four Powerful Principles for Change* (West Monroe: LA: Howard Publishing, 2002), p. 41.

[3] R. G. V. Tasker, ed., *Tyndale New Testament Commentaries: The Epistle of Paul to the Philippians* (Grand Rapids: W. B. Eerdmans, 1976), p. 169.

CAPÍTULO 12: ANJOS GUARDANDO VOCÊ

[1] Rick Reilly, "The Play of the Year", *Sports Illustrated*, 18 de novembro de 2002.

[2] Francis Thompson, *The Kingdom of God*, citado em Herbert Lockyer Jr., *All the Angels in the Bible* (Peabody, MA: Hendrickson Publishers, 1995), xv.

[3] John Milton, *Paradise Lost*, livro 4, versos 678,679.

[4] Billy Graham, *Angels: God's Secret Agents* (Garden City, NY: Doubleday, 1975), p. 24.

CAPÍTULO 14: INDO MAIS FUNDO

[1] Gary Smith, "The Rapture of the Deep", *Sports Illustrated*, 16 de junho de 2003, pp. 62-78.

[2] David Brainerd, citado em Cynthia Heald, "Becoming a Frined of God", *Discipleship Journal*, nº 54 (1989): 22.

[3] Craig Childs, *The Secret Knowledge of Water: Discovering the Essence of the American Desert* (Boston: Little, Brown and Company, 2000), pp. 61,62.

CAPÍTULO 15: VOCÊ OUVIU A PORTA RANGENDO?

[1] Patrick McGilligan, *Alfred Hitchcock: A Life in Darkness and Light* (Nova Iorque: HarperCollins, 2003), pp. 7,8. Existem muitas variações dessa história, e algumas pessoas acreditam que seja falsa.

CAPÍTULO 16: ENCARANDO A ETERNIDADE SEM MEDO

[1] "Fear", amostras de ilustrações, http://www.preachingplus.com.

[2] H. A. Guy, *The New Testament Doctrine of the Last Things* (Nova Iorque: Oxford University Press, 1948), p. 173, citado em Frank Stagg, *New Testament Theology* (Nashville: Broadman Press, 1962), p. 305.

CAPÍTULO 17: SE DEUS LHE ESCREVESSE UMA CARTA

[1] Spiros Zodhiates et al., *A Treasury of Bible Illustrations* (Chattanooga, TN: AMG Publishers, 1995), p. 153.

[2] Is 55.1; Is 51.12; 1 Co 6.20; Cl 2.10; Is 62.4,5; Hb 13.5.

[3] Am 5.12; 2 Co 12.9; Is 38.17; Mq 7.19; 1 Co 6.11; Is 44.22.

[4] 1 Co 15.54; Cl 2.15; Hb 2.14; Ap 14.13; Fp 3.20; Mt 25.34; Ap 21.4.

[5] Lc 10.41; Pv 3.5; 2 Pe 2.9; Rm 8.26; Cl 1.11; Rm 8.32; Jz 5.21 (NVI); 2 Co 4.1; Is 41.10.

[6] Is 26.4; 1 Pe 2.25; Is 43.2.

[7] Mt 6.34; Sl 121.4,5; Sl 34.7; Sl 31.20; Dt 31.6; Sl 37.23,24; Sl 32.8.

[8] Mt 24.6; Jo 16.33; Fp 4.6; Sl 5.12 (NTLH).

[9] Gn 41.52; Is 61.3; Is 57.15; Sl 30.5; Rm 8.31.

[10] Dt 32.10 (NVI); Sf 3.17; Sl 139.17,18; Rm 8.38,39.

[11] Is 49.14,15; 1 Pe 1.19; Jo 10.28; Is 49.16; Jo 15.15; Mt 10.30,31.

[12] Sl 55.22; Sl 103.14; 1 Pe 5.7.

[13] Fp 4.5; Mt 11.28; Sl 149.4; Hb 10.23; Ap 22.17.